极简管理学

刘澜的四堂北大管理课

THE ESSENTIAL MANAGEMENT

刘澜 著

人民东方出版传媒
東方出版社

图书在版编目（CIP）数据

极简管理学／刘澜 著. —北京：东方出版社，2018. 7
ISBN 978-7-5207-0493-9

Ⅰ. ①极…　Ⅱ. ①刘…　Ⅲ. ①管理学　Ⅳ. ①C93

中国版本图书馆 CIP 数据核字（2018）第 150431 号

极简管理学：刘澜的四堂北大管理课
（JIJIAN GUANLIXUE：LIULAN DE SITANG BEIDA GUANLIKE）

作　　者：刘　澜
责任编辑：刘晋苏
出　　版：东方出版社
发　　行：人民东方出版传媒有限公司
地　　址：北京市东城区东四十条 113 号
邮　　编：100007
印　　刷：鸿博昊天科技有限公司
版　　次：2018 年 10 月第 1 版
印　　次：2018 年 10 月第 1 次印刷
印　　数：1—8000 册
开　　本：880 毫米×1230 毫米　1/32
印　　张：10. 125
字　　数：220 千字
书　　号：ISBN 978-7-5207-0493-9
定　　价：68. 00 元
发行电话：（010）85924663　85924644　85924641

目　录

前　言　管理与人性 …… 1
人性就是管理 …… 1
学管理的三个道理 …… 7
为什么是极简管理学 …… 15
前言要点 …… 22

第一讲　学习心智

第一章　学管理学什么 …… 25
学习管理的目的 …… 25
刘澜管理学习第一法则 …… 32
学习管理的任务 …… 43
不同的管理学习者 …… 49
第一章要点 …… 54
第二章　管理者的心智模式 …… 55
模　型 …… 55

好模型的特征 …… 57
模　式 …… 63
最重要的管理模式 …… 66
刘澜管理学习第二法则 …… 71
刘澜管理学习第三法则 …… 82
刻意练习 …… 88
第二章要点 …… 95

第二讲　问题心智

第三章　管理问题的标准答案 …… 99
刘澜管理问题第一法则 …… 100
管理者三大能力模型 …… 101
史上最短的管理案例 …… 107
管理的幅度 …… 113
刘澜管理问题第二法则 …… 118
管理者管理什么 …… 123
第三章要点 …… 131
第四章　最重要的管理能力 …… 133
管理者最重要的能力 …… 133
管理者提问 …… 136
管理者问什么 …… 144
刘澜管理问题第三法则 …… 151
第四章要点 …… 160

第三讲 关系心智

第五章 管理者管理什么 …………………………………… 163

管理者的定义 …………………………………… 163

管理的两大维度 …………………………………… 169

组织的三种任务 …………………………………… 174

组织有效性的五个标准 ………………………… 179

作为资本的关系 …………………………………… 183

第五章要点 …………………………………… 192

第六章 关系管理的策略 …………………………………… 193

交 谈 …………………………………… 193

一对一会议 …………………………………… 199

赞 扬 …………………………………… 206

帮 助 …………………………………… 210

送礼物 …………………………………… 211

精心时刻 …………………………………… 212

求 助 …………………………………… 214

教 导 …………………………………… 215

关系策略背后的心理机制 ………………………… 217

第六章要点 …………………………………… 219

第四讲 要事心智

第七章 最重要的管理原则 ………………………………… 223

一场争论 …………………………………… 223

二八法则 …………………………………… 231
聚焦于关键少数 ……………………………… 236
界定要事 …………………………………… 241
第七章要点 …………………………………… 251
第八章 聚焦要事 …………………………………… 253
人是要事 …………………………………… 254
制度是要事 …………………………………… 260
学习是要事 …………………………………… 266
计划和总结是要事 ……………………………… 272
市场是要事 …………………………………… 278
要事三原则 …………………………………… 282
案例练习 …………………………………… 287
第八章要点 …………………………………… 290

总　结 …………………………………… 293
作者原创 …………………………………… 293
管理经典 …………………………………… 296
诗外功夫 …………………………………… 299
小　结 …………………………………… 300
后　记 …………………………………… 301
参考书目 …………………………………… 303

前言　管理与人性

学管理对你很重要，有两个理由：

- 第一个理由是我的合理推测：既然你在读这本书，你很可能是个管理者，而且意识到了学管理对你很重要。
- 第二个理由我不用推测：因为学管理对所有人都很重要。既然你是人，学管理对你就很重要。

为什么学管理对所有人都很重要？因为**人和动物的区别，就是管理。**

要让自己更像人而不是动物，要让自己更充分展示人性而非局限于动物性，你就该学管理。

人性就是管理

人和动物的根本区别就是人性，而人性在于管理。

人和动物的区别

怎么区别人和其他动物？

人是携带工具的动物

一个经典定义是：人是制造和使用工具的动物。可是，后来科学家发现黑猩猩也有制造和使用工具的例子，这个定义就不管用了。

哲学家邓晓芒把这个定义修改为："人是制造、使用和携带工具的动物。"① 加上"携带"，这是个天才的思想。现在，人和动物区分开了。

管理是人的"延长的手"

不过，为什么说携带工具区分了动物和人，邓晓芒跟我想到的重点不一样。

邓晓芒强调的是人之所以携带工具，是把工具看作了"延长的手"，看作了自己的一部分。而我强调的是：携带工具之所以成为动物和人的分野，是人为了实现未来的目标，现在就开始做准备——这就是管理。

不过两者并不矛盾。工具是看得见的管理，管理是看不见的工具。**管理就是人的"延长的手"**。有了管理就有了人，有了人就有了管理。

① 邓晓芒（2017），《哲学起步》，商务印书馆，第22页。

在携带工具之前，猿只能看到眼前的目标。从携带工具开始，猿变成了人，可以看到未来的目标。作为人的“延长的手”，管理不只是空间上的延长，更是时间上的延长。

管理就是实现未来目标的活动。人和动物的区别，其实就是管理。

这并不只是哲学家或者管理学者的猜想，这也是科学家的发现。进化生物学研究发现，人的大脑中最后进化出来的额叶，负责的就是为未来的目标做计划。神经心理学家高德伯格①指出：

> 额叶与目的、意图、复杂决策密切关联。额叶只有在人类身上才得以达到显著的发展，可以这样说，额叶使我们成为人。②

额叶使我们成为人，也就是管理使我们成为人。

人类和动物的区别

管理可以是个人层面的管理，不过通常说的是组织层面的管理。如果说人和动物的区别是管理，那么，**人类和动物的区别是组织管理。**

---

① Elkhonon Goldberg（1946—　）.

② 高德伯格（2014），《大脑总指挥：揭秘最具人性的大脑区域》，黄有志、邱小菊译，华东师范大学出版社，第2页。

虚构故事是组织的基础

以色列历史学家赫拉利①在其畅销书《人类简史》中，提出这样的观点：人类的祖先智人之所以成为进化的胜者，是因为智人进化出了完全新式的语言，其最独特的功能是“讨论虚构事物”。赫拉利说：

> “虚构”这件事的重点不只在于让人类能够拥有想象，更重要的是可以“一起”想象，编织出种种共同的虚构故事。不管是《圣经》的《创世纪》，澳大利亚原住民的“梦世纪”(Dreamtime)，甚至连现代所谓的国家其实也是种想象。这样的虚构故事赋予智人前所未有的能力，让我们得以集结大批人力，灵活合作。②

作为类的动物只能成群，作为类的人才有组织。成群的动物依靠的是本能，成为组织的人依靠的是对某种身份——我们是谁——的认同。这种认同依靠虚构的故事。

现存的跟人类最相近的动物是黑猩猩和倭黑猩猩，跟人类的基因差异只有不到 2%。但是它们都不会组成很大的群，只有人类可以形成超过一千人、一万人、十万人甚至更大的组织。因为，只有人类会组织管理。

---

① Yuval Noah Harari（1976— ）.

② 赫拉利（2014)，《人类简史：从动物到上帝》，林俊宏译，中信出版社，第 26 页。

人的多种身份

出生于印度的诺贝尔经济学奖获得者阿马蒂亚·森[①]这样说自己的身份：

> 我可以同时是亚洲人、印度公民、有着孟加拉历史的孟加拉人、居住在美国或英国的人、经济学家、业余哲学家、作家、梵语学者、坚信现世主义和民主的人、男人、女权主义者、身为异性恋者但同时维护同性恋权利的人、有着印度教背景但过着世俗生活的人、非婆罗门、不相信来生的人（如果有人想知道的话，也不相信前世）。[②]

这些身份，用赫拉利的说法，都是森和其他人“一起想象”出来的。动物只能靠本能加入一个群，而人可以同时认同多个集体、多个身份。

在多个身份中，人还可以选择自己的重点。比如，森有意把自己的身份想得很“大”，而忽略了自己更“小”、更具体的组织身份：英国剑桥大学三一学院前院长、哈佛大学教授……

赫拉利指出：

> 无论现代国家、中世纪的教堂、古老的城市，或者古老的部门，任何大规模人类合作的根基，都在于某种只存

---

① Amartya Sen（1933—　）.

② 森（2009），《身份与暴力——命运的幻象》，李风华等译，中国人民大学出版社，第 17 页。

在于集体想象中的虚构故事。①

赫拉利用了很大篇幅举的例子是一家企业组织——标致汽车。对于标致汽车来说，如何让员工愿意加入标致汽车而不是其他企业？如何让员工更认同、更投入标致汽车公司员工的身份而不是其他身份（比如业余哲学家或者女权主义者）？

组织故事

组织管理就是实现组织目标的活动。最开始的组织管理跟猿群相似，它们组织起来获取食物、击退天敌。然后，我们的祖先开始讲述一个虚拟的组织目标，跟猿群分道扬镳了。

组织目标是组织讲的第一个故事，是用来吸引和激励成员的第一个工具。最早的组织故事可能是这样的：它们是长毛，我们是短毛，长毛是坏的，短毛是好的，我们要打败它们。然后，短毛的智人——我们的祖先——消灭了长毛的尼安德特人。

这类似于数万年后，苹果公司在著名的“1984”广告里讲述的故事：他们（IBM）是老大哥，是坏的，我们是创新的，是好的，我们要打败他们。②

---

① 赫拉利（2014），《人类简史：从动物到上帝》，林俊宏译，中信出版社，第28页。

② IBM是一家非常聪明的公司，它有一种改变自己的故事的能力，后来走在了跟苹果不同的道路上。因此，很可能已经不存在苹果和IBM之间谁消灭谁的问题。

关于组织中的讲故事，可以读我的《领导力十律》一书的第四律“讲故事”。

学管理的三个道理

人性就是管理，反过来说，管理是关于人性。

管理大师德鲁克[①]说：

> 我的著作、教学和咨询活动的中心论点是，现代企业是一种人的组织，一种社会的组织。作为一门学科和实践方法的管理，处理的是人与社会的价值。[②]

管理处理的是“人与社会的价值”。卓有成效的管理，就是更充分地展示人性，更有效地创造人与社会的价值。所以，学好管理很重要。

在学管理之前，还需要明白三个道理。

没有管理学，只有管理

第一个道理：没有管理学，只有管理。

没有“管理学”

市面上有很多从英文翻译过来的“管理学”教材，其实

---

① Peter F. Drucker（1909—2005）.

② 德鲁克（2009），《管理前沿（珍藏版）》，闾佳译，机械工业出版社，第162页。

都是误译。因为英文中根本没有管理学这个词，只有管理（management）。①

权威的韦伯斯特词典对 management 有三个释义：

- 第一个是管理（managing）的行为或艺术；
- 第二个是为实现一个目标而对手段的有效运用；
- 第三个是集合名词，指一个企业的管理层。

平时用得最多的是第一个意思，就是名词的管理。Management 没有管理学的意思。总而言之，只有管理，没有管理学。

管理学者是“管理+学者”

当然我们有管理学者。不过管理学者跟别的学者不太一样。别的学者是“属于某门学的人”，管理学者则是“研究管理的人”。

比如经济学是 economics，经济学者就是“经济学+者”，是 economist。心理学者、社会学者、物理学者、生物学者、语言学者都是这样。

管理学者不这样。管理学者是“管理+学者”，是 management

① 比如，管理学者罗宾斯（Stephen P. Robbins）和库尔特（Mary Coulter）合著了一本流行的“管理学”教材，我有该书第 11 版的中文版，书名为“管理学”。但是这本书的英文版就叫 *Management*（管理）。又比如，我书架上在这本《管理学》旁边是《管理学历史与现状》，是著名管理学者小钱德勒（Alfred D. Chandler. Jr.）等人合著的。这本书的英文名其实是 *Management: Past & Present*，直译为“管理：历史与现状”。

scholar。管理是一个研究主题，而非一个学科。各个学科的人都可以研究管理。

管理还没有成“学”。管理处理的是“人与社会的价值”，涉及的问题很大很多，成为一门单独的学科难度很大。

没有管理学，只有学管理

接下来就是第二个道理：没有管理学，只有学管理。这包括两个启示。

启示一：功夫在诗外

管理没有成“学”的一个原因，也可以说是一个表现，就是管理研究还不能完全依靠专门的管理学者。

比如，有本叫作《管理学中的伟大思想》① 的书（准确的翻译应该是“管理中的伟大思想家”），介绍的第一个思想家不是专门的管理思想家，而是社会心理学家班杜拉②。

这是对学管理的第一个启示：**学管理不能局限在管理之内。**

宋代大诗人陆游这样教人写诗：“汝果欲学诗，功夫在诗外。”如果要学写诗，光是读诗是不够的。这句话不仅对写诗适用，对管理一样适用。如果要学管理，光读管理书是不够的。

刚刚提到的社会心理学就是管理重要的诗外功夫之一。管理的诗外功夫还有很多，因为管理最终是关于人性。

---

① 史密斯、希特（2010），《管理学中的伟大思想：经典理论的开发历程》，徐飞、路琳译，北京大学出版社。

② Albert Bandura（1925—　）.

管理是关于人性，而管理学者研究这个题目的时间还不够长，研究得还不够深。一位具有德国哲学专业博士学位的管理咨询顾问这样说：

> 我意识到，管理思想家缺乏深度，因为他们干这件事只有一个世纪，而哲学家和有创造性的思想家干这件事已经有几千年了。①

所以，你还应该读哲学、读历史。

《哈佛商业评论》刊登过一份“大师的大师”的排行榜，是管理大师心目中的大师的排名。② 排在第一的是德鲁克，第二是马奇③。德鲁克曾经建议经理人读小说，而马奇则建议经理人读诗④。为什么？伟大的小说家和诗人比管理思想家更懂人性。顺便说一下，德鲁克本人发表过两本小说，马奇则出版有数部诗集。⑤

启示二：读管理书如同读诗歌

管理没有成“学”的另一个原因是，作为一门学科，它应

---

① Stewart, M. (2009). *The Management Myth: Debunking the Modern Management Philosophy*. W. W. Norton & Company, p. 11.

② Prusak, L., & Davenport, T. H. (2003). Who Are the Gurus' Gurus? *Harvard Business Review*. December.

③ James G. March (1928—).

④ 关于马奇的建议，参见刘澜（2016），《领导力的第一本书：听大师讲领导力》，机械工业出版社，第 190 页。

⑤ 关于马奇与诗歌，参见刘澜（2016），“诗、马奇与领导力”，《清华管理评论》第 5 期，第 76—79 页。

该包括些什么内容，大家还没有达成一致。

如果你去看管理的教科书，就会发现它们强调的重点各自不同，甚至内容都很少交叉，给人的感觉是——没有什么内容是管理教科书一定要讲的。

经济学的教科书就不是这样。比如任何一本宏观经济学的教科书，都会讲 IS-LM 模型。没有这个模型就不是宏观经济学。而“管理学”教科书缺了什么模型都行。

这跟前面说的管理是关于人性有关系。人性的内容过于丰富，管理思想家试图从中圈出一块叫作“管理”的单独领地，但是干这项工作时间还不够长，质量还不够好，还没有创造出一个核心体系来。

德鲁克说“我创建了管理这门独特的学科”。[①] 但是，这一说法没有得到公认。除了德鲁克自己，没有一本“管理学”教材或者“管理思想史”著作这么说。

德鲁克去世后，《哈佛商业评论》纪念他的文章这么写道：

> 一些人，尤其在学术界内，认为他与其说是学者，不如说是记者；与其说是记者，不如说是油嘴滑舌的概括者罢了。[②]

---

① 马恰列洛（2016），《卓有成效的领导者：德鲁克 52 周教练指南》，德鲁克研究室译，机械工业出版社，第 85 页。

② Kantrow, A. M. (2009). Why Read Peter Drucker. *Harvard Business Review*, November.

德鲁克自己也承认“我在学术界不是很受人尊敬”。① 被管理者和管理大师认同的德鲁克，不被管理学者认同，也是一桩值得讨论的趣事。

德鲁克写的管理教科书，使用的人并不多。商学院使用的教科书，尽管有几本算是流行的，在主要内容上也没有达成共识。至少在现在这个阶段，写管理教科书有点像写诗，可以自由创作。

这是对学管理的第二个启示：**读管理书如同读诗歌。**

更具体说这个启示是这样的：学诗歌不能只读诗歌，但是又不能不读诗歌。学管理也一样，不能只读管理，但是又不能不读管理。

我们要像读诗歌一样读管理。管理书籍像是诗歌，没有哪一本是终极读本，可以完全替代其他。诗人尽管有好坏之分，但是大诗人也不能互相替代。李白不能替代杜甫，德鲁克不能替代马奇。

一般管理才是管理

战略管理不是管理；运营管理不是管理；财务管理不是管理——一般管理才是管理。这是我要讲的第三个道理。

某某管理不是管理

在北京大学汇丰商学院，我一开始是给 MBA 学生开领导力

① 德鲁克（2009），《公司的概念（珍藏版）》，慕凤丽译，机械工业出版社，第 234 页。

课程。我假设他们是学过管理之后来学领导力的。但是我惊讶地发现，这些学生，大多数是在职的中层经理人，已经在北大汇丰商学院学习了快一年，却不懂得管理的关键，也不懂得管理的常识。

没有人教过他们分析这些既重要又基本的问题：

- 管理者的重要能力是什么？
- 管理者的基本任务是什么？
- 管理者管理什么？
- ……

当然，更没有人教过他们这些问题背后的管理法则。

我惊讶地发现，他们的必修课中，有战略管理、营销管理、运营管理等，就是没有管理。作为工商管理硕士（MBA），他们没有学过管理。

战略管理讲的是战略，营销管理讲的是营销，运营管理讲的是运营，它们讲的都不是管理。说得更绝对一些，某某（战略、营销、运营……）管理不是管理。

每个经理人都要做的事情

所有经理人都在做、都该做的事情，才是管理。战略、营销、运营，不是每个经理人都要做的事情。

每个经理人都要做的事情是什么？实现目标。**管理就是实现未来目标的活动。**再说得具体一些呢？**管理就是计划、组织、**

指挥、协调、控制。[①]

每个管理者都在做、都该做的事情，就是一般管理。英文叫 general management，可以译为一般管理，或者通用管理，或者总的管理。总经理的英文叫 general manager，直译就是一般管理者。

一般管理才是管理。

学习管理，就是学习一般管理。学习一般管理，就是学习怎么当好一个总经理。你即使管理的是一个小团队，你也是在当总经理。

"现代管理之父"法约尔

计划、组织、指挥、协调、控制，这是法约尔[②]界定的管理的五大要素，是每个经理人为了实现目标都要做的事情。

如果说有管理学，那么管理学是法约尔在大约一个世纪前（1916 年）开创的。这跟法约尔本人是个总经理有关系。《管理思想史》一书把法约尔称为"现代管理之父"。[③]

顺便说一下，法约尔也开创了"学管理"。他是第一个探讨怎么系统学习管理的人。

---

① Fayol, H. (2013). *General and Industrial Management.* Translated by C. Storrs. Martino Publishing, pp. 5-6.

② Henri Fayol (1841—1925).

③ 雷恩、贝德安（2014），《管理思想史（第六版）》，孙健敏等译，中国人民大学出版社，第 263 页。

为什么是极简管理学

本书的书名有两个关键词：极简和管理学。

为什么叫管理学

我说没有管理学，只有管理；或者没有管理学，只有学管理。那为什么这本书还是叫管理学呢？

两个原因

这本书可以叫“极简管理”，也可以叫“极简学管理”。现在叫“极简管理学”，有两个原因：

- 这本书探讨的主题跟其他叫作“管理学”的书籍是一样的，只是探讨方式不同。因此叫“管理学”是遵循惯例，只不过是不太一样的“管理学”。
- 这本书的内容，来源于我在北京大学汇丰商学院开设的“管理学”课程，因此叫“管理学”也是尊重历史。

“管理学”与“管理者心智”

我发现北京大学汇丰商学院的MBA没有学过管理之后，建议学院开设这门课程。学院从善如流，让我来开这门课。学院希望就叫“管理学”，我因为不喜欢这个名字，而另取名为“管理者心智”。

学院还有另一个项目，是可授予管理学硕士学位的企业管理研修班。这个项目有门必修课叫作“管理学”，已经好长一段时间没有找到人讲了，正在为此事发愁。学院借机让我也讲这门课。尽管我不喜欢课程名称，但因为是必修课，只能叫“管理学”。

这两门课，我教的内容差不多。我认为学习“管理学”，就是让管理者建立起“管理者心智”。尽管后者也许是更合适的名字，但是既然“管理学”这个名称在中国已经约定俗成，用也无妨。

为什么叫极简

我讲课一共八讲，这本书只是其中四讲的主题，因为我觉得这四讲更重要，还因为我想做到——极简。

二八法则

市面上的管理学教材一般很厚，讲的内容太多，力求面面俱到，反而没有抓住重点。

本书第七章会重点讲述二八法则，这里先运用一下：读一本书，我们的80%收获，往往来自该书20%的内容。

那些厚厚的管理教科书中，有80%的内容只贡献了20%甚至更少的收获，这些内容是不必要的，至少是低效率的。而那20%有用的内容，它们又讲得过于简单。

本书跟那些厚厚的管理教材有两个不同：

- 第一，只讲管理的关键内容；

- 第二，把这些关键内容讲清楚。

也就是说，我找出众多的管理思想中那 20% 的关键内容，然后把本书 100% 的篇幅放在上面。

只有深刻，才能极简

我喜欢苹果公司设计团队负责人的一番话：

> 要想获得简洁，你就必须要挖得足够深。……你必须深刻把握产品的精髓，从而判断出哪些不重要的部件是可以拿掉的。①

也就是说，**只有深刻，才能极简**。关键不是那么容易找到的。

这是一本把“不重要的部件”都拿掉，而且试图把“重要的部件”给你讲清楚的“管理学”。当然也可以说，这是一部关于管理精髓的诗歌。

智慧增长，知识消减

我也很喜欢哲学家怀特海②的一段话：

> 从某种意义上说，智慧增长，知识就会消减，因为细节会被原则包容。生活中每种职业的知识细节都很重要，

---

① 艾萨克森（2011），《史蒂夫·乔布斯传》，管严圻等译，中信出版社，第 314 页。

② Alfred North Whitehead（1861—1947）.

> 可以通过专门学习获得，而养成积极运用理解透彻的原则的习惯才是最终拥有智慧。①

怀特海所说的跟老子在《道德经》中所说的“为学日益，为道日损”很相似。

作为老师，我们应该少钻研管理之学，多探究管理之道。作为管理者，你们应该少记忆知识和细节，多融汇智慧和原则。

临床管理学

这本书还可以叫“极简临床管理学”。没有把“临床”两个字加进去有两个原因：一是希望标题更简洁，二是担心大家误解，以为这是一本讲医院管理的书。

管理与临床医学的相似

德鲁克常常拿管理和临床医学作比较，认为两者非常类似：

- 两者都是应用型的学科；
- 对两者的检验都不是理论是否正确，而是在实践中是否管用；
- 两者都建立在一些基础学科之上。

所以，德鲁克在 1954 年推出自己第一本系统的管理著作时，为其命名为“管理的实践”，而非“管理的原理”，尽管因

① 柯维等（2003），《要事第一》，刘宗亚等译，中国青年出版社，第 84 页。

此“会严重减少本书被大学列为教科书的可能性”。[1]

临床医学的五个教训

著名经济学家、“休克疗法”之父萨克斯[2]是多个国家的经济顾问，他提出了临床经济学的概念。萨克斯说：临床医学有五个教训，可以运用到临床经济学上。

教训一，人体是一个复杂的系统。人体诸多系统相互联系。疾病的来源可能是病毒、环境、基因、营养等多种。而且，一种疾病会引发另一种疾病。

教训二，人体的复杂性要求医生进行差异化诊断。一个小孩发高烧，可能有很多原因。有些病因不危险，有些则很危险。发烧只是症状，而不是病因。

教训三，所有的医学都是家庭医学。要治疗一个孩子的疾病，要了解其生存环境。父母能否支付医疗费用？是否因为某些条件制约，父母无法按照医嘱为孩子治疗？孩子受伤是偶然还是受虐待？

教训四，成功的治疗要求监督和评估。好医生不会把自己的每次诊断都看作绝对真理，如果通过监督和评估，有证据表明需要采取新措施、新方法，医生就该改变立场。

---

① 德鲁克（2009），《公司的概念（珍藏版）》，慕凤丽译，机械工业出版社，第 234 页。

② Jeffrey Sachs（1954— ）.

教训五，医生这门职业要求强大的伦理道德规范。①

临床管理学的五个要点

萨克斯是我在哈佛读书时的老师。我效仿一下老师，提出临床管理学的五个要点。②

要点一，系统看待问题。临床管理学要求认识问题的复杂性和系统性。企业如人体，各种系统相互联系，问题可以一生二、二生三、三生万物。

要点二，对“因”下药。临床管理学要求区别症状与病因。对症下药是错的，要对“因”下药。给同样的症状下同样的药，是庸医的典型特征。

要点三，在社会环境中看待企业。企业与股东是什么关系？企业与行业中其他利益相关者的博弈关系是什么？企业面临的政商关系是什么？这都是临床管理学需要考虑的问题。

要点四，就像成功的治疗要求监督和评估一样，临床管理学者不仅关心自己的理论，还要关心理论的实施效果，并且根据效果来调整理论。

要点五，像医生坚守希波克拉底誓言一样，临床管理学者讲究职业道德。

---

① 萨克斯（2007），《贫穷的终结：我们时代的经济可能》，邹光译，上海人民出版社，第 68—70 页。

② 最初发表于 2011 年中信出版社出版的《管理十律：商学院不教的管理法则》一书，该书于 2015 年由机械工业出版社发行修订版《管理十律：商学院不教的临床管理学》。

临床管理学是理论和实践之间的桥梁。

临床管理学教授

实际上，我就是一名临床管理学教授。

西方商学院在学院派的教授之外，还有少数注重实践的教授。这些教授要么本身就来自实业界，要么跟实业界关系密切。有些商学院称之为讲师（lecturer）①，有些称之为管理实践教授，有些称之为临床教授。

北京大学汇丰商学院则称之为教学教授。我是北京大学汇丰商学院第一个教学教授。这个名称有些误导，似乎关键在于教学。我更喜欢临床教授这个名称，因为真正的关键在于理论与实践的结合。

我更愿意称自己为临床管理学教授。我认同临床管理学。德鲁克是临床管理学的大师，尽管他因此被学院派看不起，我不认为这是他的错。

这本书就是我的极简临床管理学。

---

① 比如因为提倡学习型组织而知名的彼得·圣吉就是麻省理工学院斯隆管理学院的资深讲师。这并非低于教授的学术职位，而是与教授并行的非学术职位。

前言要点

1. 人的经典定义。
2. 邓晓芒对人的定义。
3. 管理是人的“延长的手”。
4. 管理的定义。
5. 人和动物的区别是管理。
6. 人类和动物的区别是组织管理。
7. 作为故事的组织目标。
8. 英文 management 的三个释义。
9. 管理的诗外功夫有哪些？为什么？
10. 一般管理的概念。
11. 为什么说法约尔开创了“管理学”？
12. 读书的二八法则。
13. 为什么说只有深刻才能极简？
14. 为什么说智慧增长、知识消减？
15. 德鲁克谈管理和临床医学的相似。
16. 萨克斯谈临床医学的五个教训。
17. 临床管理学的五个要点。

第一讲

学习心智

第一章　学管理学什么

学习管理的第一课是——学习。砍柴之前先磨刀，学习管理之前先学习如何学习管理。

我们首先要搞清楚，学习管理为什么？学习管理学什么？换句话说，学习管理的目的和任务是什么？

学习管理的目的

学习管理为什么？

你和管理学者不完全一样的地方，在于你不是“学者”，而是“学习者”。管理学者只是学，你不但要学，还要习——就是实践。

管理大师德鲁克有句话在中国很流行：“管理是一种实践。其本质不在于‘知’，而在于‘行’。”[①] 那是不是说，我们学习

① 德鲁克（2007），《管理：使命、责任、实务（实务篇）（中英文双语典藏版）》，王永贵译，机械工业出版社，推荐序一。这句话的原文出自德鲁克为该书写的前言，但是中文版似乎没有翻译该前言的全文，不过席酉民所写的推荐序一引用了这句话。

管理的目的是“行”而不是“知”呢?

不是。我们学习管理的目的就是“知”。**我们学习管理就是为了改变思想，改变我们思考管理的方式。**

知指导行

知指导行。在很大程度上，思想决定了我们的行动。

卓越的思考产生卓越的结果

知名领导力专家马克斯维尔①花了多年时间，寻找这样一个问题的答案：成功人士都有的一个共同点是什么?最后得出的答案是：卓越的思考。他总结说：

- 糟糕的思考产生负面结果；
- 普通的思考产生不出结果；
- 好的思考产生一些结果；
- 卓越的思考产生卓越的结果。②

思想指导行动

英国前首相撒切尔夫人③非常喜欢引用这一段话：

> 注意你的思想，它会成为你的言语。
> 注意你的言语，它会成为你的行动。

---

① John C. Maxwell（1947— ）.

② Maxwell，J. C.（2003）. *Thinking for a Change*. Center Street，p. 7.

③ Margaret Hilda Thatcher（1925—2013）.

注意你的行动，它会成为你的习惯。

注意你的习惯，它会成为你的性格。

注意你的性格，它会成为你的命运。

这段话具体阐述了为什么卓越的思考产生卓越的结果。实际上，它说的是卓越的思考产生卓越的人。

理论是实用的

卢因①是著名心理学家，社会心理学的奠基人之一。他也被传播学列为奠基人之一。卢因跟管理研究也很有渊源，他做了最早的领导力风格研究。

卢因有一句话非常著名："没有比一个好理论更实用的了。"② 为什么？因为理论指导实践，思想指导行动。

思想家影响实践者

著名经济学家凯恩斯③有一段话，经常被人引用来说明（经济学家的）思想的重要性。我根据英文，自己把这段话翻译了一下：

> 经济学家和政治哲学家的思想，不论对错，都比人们通常认为的更有影响力。事实上，世界基本上被它们统治

---

① Kurt Lewin（1890—1947），也常常被译为勒温。

② 英文原文为：There is nothing so practical as a good theory。出自 Lewin，K.（1952）. *Field Theory in Social Science*：*Selected Theoretical Papers*. London：Tavistock，p. 169.

③ John Maynard Keynes（1883—1946）.

> 着。讲求实际的人认为他们不受什么智识影响，但通常都是某个已经入土的经济学家的奴隶。

顺便说一下，尚未投身管理领域的德鲁克参加过凯恩斯的研讨会。正是在这个研讨会上，德鲁克恍然大悟：凯恩斯是对商品感兴趣，而自己是对人感兴趣。德鲁克从此不再参加凯恩斯的研讨会了。

在这段话的前面，凯恩斯把经济学家（对商品感兴趣）和政治哲学家（对人感兴趣）并列，后面却把政治哲学家选择性遗忘了。实际上经济学家是思想家的新品种，之前主要是政治哲学家在影响世界。

“奴隶”是这段话的一个关键词。如果你没有意识到思想家的影响，但实际上受到其影响，你是不自觉的奴隶。如果你是有意识、有选择地被其影响，你就不是奴隶了。你可以说是主人，把其思想作为工具来使用；或者是弟子，主动学习其思想。

自知之难

老子说：“知人者智，自知者明。”这句话隐含着一个比较：自知比知人更加困难。你不一定知道自己的思想；你说出来的思想不一定是你真正所思所想。

人们的思想往往不清晰

著名管理学者维克①也是个社会心理学家，不过他跟前面

① Karl Weick（1936—　）.

提到的班杜拉不一样，班杜拉只研究社会心理学，维克则是用社会心理学研究管理，他的成名作为《组织社会心理学》一书。

维克喜欢说这样一句话："在看见我说了什么之前，我怎么知道我想了什么?"①

这句话可以有不同理解。可以理解为：言语（和行动）反过来也决定思想；还可以理解为：思想是不清晰的，我们需要让它清晰起来。

前面凯恩斯的话也有人们的思想并不清晰的意思：你不知道你的行动受到了思想的指导。既然思想指导行动，我们需要搞清楚思想。

声称的理论不是实践的理论

组织学习领域的著名学者阿吉里斯②和舍恩③则提出，许多经理人声称他们是有理论指导的，但是他们声称的理论跟他们实践的理论不是一回事。④

简单地说，就是经理人常常说的是一套，做的是另一套。

原因之一可能是虚伪。比如声称以人为本的企业主实际上

---

① 英文原文为：How can I know what I think until I see what I say? 出自 Weick, K.（1979）. *The Social Psychology of Organizing*. Addison-Wesley Publishing Company, p. 165.

② Chris Argyris（1923—2013）.

③ Donald Schön.（1930—1997）.

④ Argyris, C., & Schön, D.（1974）. *Theory in Practice: Increasing Professional Effectiveness*. San Francisco, CA: Jossey-Bass.

对待员工很刻薄，声称自己重视沟通的上级根本不回复下属的邮件。如果他们并不真心相信以人为本或者上下级沟通的重要性，我们说他们是虚伪。

也许有人会认为，虚伪的管理者需要的不是更好的思想，而是更好的道德。但是，西方古老的道德哲学就认为知识就是美德，中国明代的哲学家王阳明也认为知行合一，不行的人就是还没有真知。因此，虚伪者如果能够更好地知，他们就可能更好地行。

马奇在一篇有趣的论文《愚蠢的技艺》① 之中，认为虚伪不一定是坏事。我们可以把虚伪看作是转变的前奏，是坏人在尝试变好的可能性。知是推动他们进行尝试的第一步。

原因之二可能是糊涂。比如真心相信学习很重要的经理人因为没有能够掌握学习的方法，从而没有能够高效地学习。这些经理人需要更易于理解、更便于行动的学习理论。

总结一下，知行不一这个问题，解决方案往往还是在知。

真正的行

德鲁克关于管理的本质不在于知而在于行的那句话，常常被过度解读了。有些人用这句话来为自己的“无知”做辩解。这些人不懂得德鲁克所言真正的意义，不懂得“行”真正的涵义。

---

① 该文有中文版，译为《愚蠢术》，收入《马奇论管理》一书。原文见 March, J. G. (1988). The Technology of Foolishness. In J. G. March. *Decisions and Organizations*. Basil Blackwell, pp. 253-265.

德鲁克的意义

以研究创新而知名的哈佛商学院教授克里斯坦森①这样总结德鲁克的意义："在彼得·德鲁克对经理人做出的所有贡献之中，最重要的是他教了我们如何思考。"② 也就是说，德鲁克的意义在于他教了我们知，而不是行。

欧洲著名管理学者沙尼沃斯卡③在一篇题为"修'行'"的论文中表示，她喜欢哲学家麦金太尔④对"行"的定义：不是任何活动都是行，只有那些努力追求其内在的卓越性的活动才是行。⑤

这么说，不是任何管理活动都是行，只有卓有成效的管理才是行。求知是为了修"行"，只有知其卓越，才能行其卓越。

学习管理的目的，就是学会更好地知——知道什么是卓有成效，如何才能做到卓有成效。尽管知是为了行，但是我们要单独强调知。

管理者每天都在做事，但并不一定在行⑥。要想把做事变成行——也就是卓有成效的管理，他们必须有更好的知。

---

① Clayton M. Christensen（1952—　）.

② Kurby，J.（2014）. Clay Christensen on Peter Drucker. Harvard Business Review Online，hbr. org，Nov，10.

③ Barbara Czarniawska（1948—　）.

④ Alasdair MacIntyre（1929—　）.

⑤ Czarniawska，B.（2015）. After Practice：A Personal Reflection. *Nordic Journal of Working Life Studies*. 5（3a）：105-114.

⑥ 这里出现了一个有趣的双关语，你可以读为"在行（xíng）"，也可以读为"在行（háng）"。

教育的目的

著名企业家、福特汽车的创始人福特①说：

> 教育的目的不在于把一个人的头脑填满事实，教育在于教会他怎样用他的头脑去思考。②

那么，管理教育的意义就是教会管理者怎样用自己的头脑去思考管理。这也就是德鲁克的意义。

刘澜管理学习第一法则

刚刚我引用了马克斯维尔、凯恩斯、卢因、维克、克里斯坦森、福特等许多人的话。你有没有停下来思考一下：他们说的有道理吗？他们说的是对的吗？

还可以再问一个问题：刘澜引用他们的话来论证，就算是论证了吗？

我希望以后你在读其他书的时候，在别人引用名人名言的时候，都不时停下来思考一下：他们说的一定对吗？

当然不一定对。这只是他们提供的参考答案，不是标准答案。你读到的观点，听到的名人名言，都只是参考答案，不是标准答案。

---

① Henry Ford（1863—1947）.

② 福特（2005），《我的生活与工作》，梓浪、莫丽芸译，北京邮电大学出版社，Kindle 版。

这是**刘澜管理学习第一法则：管理只有参考答案，没有标准答案。**

我基于三个理由提出这一法则。

理由一：现实很模糊，答案都是猜

我们对现实世界的认识难以摆脱那个“盲人摸象”的困境。

有用性与真实性

著名管理学者明茨伯格①这样说管理理论：

> 要意识到所有的理论都是人为的作品——究其根本，理论只是为了描述特定的现实而记录下的文字和符号，而非现实本身。因此，理论简化了现实。这意味着我们必须根据有用性来选择理论，而不是根据其真实性。②

明茨伯格提出了判断理论的两个不同的标准：有用性和真实性。他认为理论都不真实，是对现实的人为简化，也可以说是对现实的一种猜测。我们很难判断猜测的真实性，只能考察其有用性。

真理的三种理论

这涉及一个重要问题：什么是真理?《大问题：简明哲学导

① Henry Mintzberg（1939—　）.

② 明茨伯格（2010），“开发关于理论开发的理论”，《管理学中的伟大思想》，史密斯、希特编，毕菲、路琳译，北京大学出版社，第284—299页。

论》一书概括了关于真理的三种理论：

- 符合论：主张跟事实相符合的就是真理。
- 融贯论：主张能自圆其说、彼此一致的就是真理。
- 实用论：主张管用的就是真理。①

符合论是关于真理最传统的理论，但是后来遇到了挑战。符合论就是说思想符合现实，问题是谁来判断？要判断这个问题，必须跳到思想和现实之外，那只有上帝才可以判断。

有些简单的现实是可以观察的，比如你脸上是否长了一颗痣，他今天上班是否迟到了。这样的简单现实，不同的人可以达成统一的判断，形成符合论的真理。

但是，你是否是个可爱的人呢？就这个现实，也许就只有融贯论和实用论的真理。如果我是你的亲人，也许实用论的真理最为重要。

比如，尽管你常常冲我发脾气，但是我坚信你是个可爱的人，你的发脾气不影响你的可爱，甚至正是你的可爱之处。这个理论也许在现实生活中更管用，可以让我更容易与你相处，或者因为皮格马利翁效应（又叫自我实现的预言，指你的预期对相关者的态度和行为的影响会推动预期的实现）② 的作用，让你最终更容易与人相处。

---

① 所罗门、希金斯（2014），《大问题：简明哲学导论》，张卜天译，广西师范大学出版社，第 225 页。

② 比如，某“权威”预测股市要跌，就可能变成自我实现的预言。听信权威的人纷纷卖出股票，造成股市下跌。

没有符合论的管理真理

管理面对的现实主要是社会现实，比物理现实更加模糊不清。在管理上，坚持符合论的真理并不可行。一方面，人有认知局限问题；另一方面，谁来判断是否符合呢？

而且，坚持符合论的真理并不必要。我们学习管理理论最终是为了指导实践，因此管用就行。

我们说没有标准答案，是说没有符合论的真理。但是管理有参考答案，这些参考答案一要能够自圆其说（融贯论），二要能够指导实践（实用论）。而后者比前者更重要。管理像是临床医学，治好病人是最终的检验。①

理由二：情境各不同，答案都得变

如果管理上的答案主要是实用论的真理，以是否管用为主要的评价标准，那么面对不同的管理情境，不言而喻，答案是要加以变化来运用的。

没有标准的管人方式

著名心理学家马斯洛②批评了早期的管理学者——包括德鲁克在内——似乎认为有一套标准的管人的方法。③ 马斯洛的理论是人处于其提出的需求金字塔的不同层次，需要有不同的激励

---

① 德鲁克（2009），《公司的概念（珍藏版）》，慕凤丽译，机械工业出版社，第 234 页。

② Abraham H. Maslow（1908—1970）.

③ 马斯洛（2004），《马斯洛论管理》，李斯译，中国标准出版社，第 60 页。

方式。

德鲁克马上承认错误："我立即改变了我的观点，马斯洛的证据简直无法抗拒。"①

文化影响管理

文化是一个重要的情境因素。研究跨文化管理的经典著作《跨越文化浪潮》一书指出：

> 没有一种"最好的组织方式"，在不同的文化背景中一些组织方式或比别的组织方式更适宜、更有效，反之亦然。②

德鲁克也认识到了文化对管理的影响。他指出，管理要做的事情都一样，做事的方式却可能因文化而不同：

> 因为管理是要把人整合起来从事共同的事业，所以管理是奠基在文化之上。在德国、英国、美国、日本和巴西，管理人员的任务都一样，可是这些不同国家的管理人员完成任务的方法却有很大的不同。③

不同的人、不同的文化、不同的行业、不同的时代……这

---

① 德鲁克（2006），《21世纪的管理挑战》，朱雁斌译，机械工业出版社，第16页。

② 特姆彭纳斯、汉普顿—特纳（2007），《跨越文化浪潮》，陈文言译，中国人民大学出版社，第24—25页。

③ 德鲁克（2009），《管理新现实》，黄志典译，东方出版社，第196页。

些不同的管理情境，要求不同的答案。

维克的理论之钟

维克在前人①的基础上，画出了一个“理论之钟”（如图1-1）。

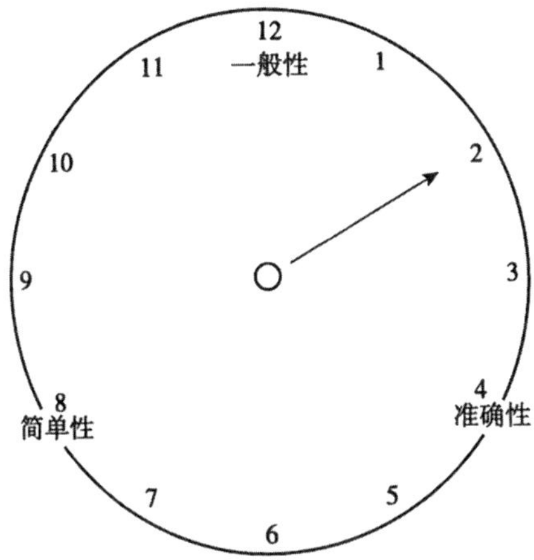

图 1-1 维克的理论之钟

来源：维克（2009），第 29 页。

这张图是说，一般性、准确性和简单性是理论的三个特征，但这三个特征难以同时做到。

比如，处在图中 2 点钟位置的理论，具有一定的一般性和准确性（离这二者较近），但是不具备简单性（处在跟简单性完全相反的位置上）。

---

① 这个思想最早是心理学家 Warren Thorngate 提出的。

又比如，12 点钟位置的理论一般性很强，但是不会太准确，也不会太简单。这样的理论因为普遍适用，貌似是个标准答案，其实不那么管用。

理由三：背景很复杂，答案都得加

理论是对现实的简化，因此它一定比多姿多彩的现实更抽象，是抛开了许多具体情境的一般性的提炼，因此不一定适用于你的具体情境。

学术知识的两个用处

马奇指出，面对企业中非常具体的问题，经理人根据经验得出的答案往往更加靠谱。那么理论的实用性在哪里呢？在你的经验不管用的地方。

马奇指出：

> 基本学术知识在新的或变化的环境中变得更有用，这时经理人面对的是未曾预料的或未知的情形。它为他们提供了看待问题的其他的框架，而非解决方案。①

这句话有两个要点，也就是学术知识的两个用处：

- 理论在新的或变化的环境中更管用。因为经理人的经验

① Coutu, D. (2006). Ideas as Art: A Conversation with James March. *Harvard Business Review*, October.

不管用了，而理论提供了一般性的知识，对新的情境也是适用的。

- 理论提供的不是具体的解决方案，而是一个思考问题的框架。

也就是说，你需要在理论的这个参考答案的基础上，结合新的背景，得出具体的解决方案。你的任务有两个：

- 第一，运用合适的一般性参考答案；
- 第二，根据新的背景，在参考答案上做加法，得出更具体的答案。

可以用一个公式来表示：**你的任务=一般性参考答案+具体情境。**

10点钟方位的理论

维克表示："在组织理论中，许多我最喜欢的概念、观点和研究都是简单性和普遍性的混合体，也就是位于10点钟方位的研究。"①

不仅维克，大多数人都喜欢10点钟方位的理论，因为它们是简单性和一般性的混合体，容易被人吸收。

但是要注意，10点钟方位的理论并不准确——它们并不适用于所有的情境。因此，我们要根据新的背景对理论做加法，

---

① 维克（2009），《组织社会心理学》，贾柠瑞、高隽译，中国人民大学出版社，第32页。

把它变得更准确，从而更管用。

管理大师悖论

再重复一遍**刘澜管理学习第一法则：管理只有参考答案，没有标准答案。**

但是，参考答案有好坏之分。谁来判断好坏呢？答案是——你。你觉得好，就是好。你怎么判断好坏呢？你看是否管用，是否对你管用。

如果没有人提供标准答案，每个人都有自己判断参考答案好坏的标准，那么为什么有管理大师呢？

许多人以为管理大师提供了标准答案，其实没有。管理大师提供的也是参考答案，只是叫好的人、觉得管用的人比较多而已。

现在，我提出一个**管理大师悖论：管理大师往往不准确。**

主要原因在于：一个参考答案要让很多人觉得好，往往需要比较简单，也需要比较通用，也就是说，往往是 10 点钟方位的理论。但是，它往往就不会那么准确。

真正的管理大师其实知道自己提供的只是参考答案。

法约尔提出自己的管理原则时就声明："管理方式绝不是死板和绝对的东西，它完全取决于一个'度'。"①

德鲁克经常斩钉截铁地下结论，但是他也承认："我不相信

① 法约尔（2013），《工业管理与一般管理（珍藏版）》，迟力耕、张璇译，机械工业出版社，第 21 页。

存在‘一个正确的答案’。”①

所以，再重复一遍：你的任务=一般性参考答案+具体情境。

理由三其实和理由二类似。理由二讲的是情境在空间上的差异（不同的人、文化等等），理由三讲的是情境在时间上的差异（从旧的情境进入新的情境）。

刘澜管理学习第一法则的推论

我们在日常生活中，尽管并非有意，往往采用的也是实用论的真理观，以自己是否觉得好用为判断标准。我们容易落入一个“锤子陷阱”。

锤子陷阱

这句话据说是马斯洛说的：“如果你只会用锤子，你就会把所有问题看作钉子。”② 这就是锤子陷阱。

明茨伯格这样说锤子陷阱：“MBA 项目给了他们的毕业生如此之多的锤子，以至于许多组织现在看起来都像是被砸坏了的钉床。”③

锤子更像是工具，而非思想。思想帮助人们做正确的事，

---

① 德鲁克（2009），《公司的概念（珍藏版）》，慕凤丽译，机械工业出版社，第 234 页。

② 英文原文为：I suppose it is tempting, if the only tool you have is a hammer, to treat everything as if it were a nail.

③ 明茨伯格（2005），《管理者而非 MBA》，杨斌译，机械工业出版社，第 162 页。

工具帮助人们正确地做事。当然，两者的区别不是绝对的。

锤子也可能是思想，是理论。如果放在维克的理论之钟上，锤子大概是在 8 点钟方位的理论，它使用起来非常简单，但是一般性和准确性都较差。针对钉子它非常准确，但大多数问题都不是钉子。

刘澜管理学习第一法则的推论

现在，我提出**刘澜管理学习第一法则的推论：学思想，而非工具。**

既然管理只有参考答案，既然我们学的都是参考答案，我们要学的就是思想，而非工具。不是不学工具，而是要用思想来指挥工具。

使用起来简单的工具会欠缺一般性和准确性。与工具相比，思想更具备一般性。人们容易接受的思想，就是维克所说的 10 点钟方位的理论，兼具一般性和简单性，但是缺乏准确性。

顺便说一句，维克的理论之钟也不能作为锤子来用。我认为，这个模型也是 10 点钟方位的思想。有人说它是一般性、简单性和准确性兼备的理论。但是你有没有想到，如果真是这样，恰恰说明了这是个不准确的理论呢？①

---

① 如果这个理论非常准确，就说明这个理论本身成为了这个理论的例外，反过来就说明这个理论不够准确。

学习管理的任务

学习管理的目的是学习思想，具体说来有三大任务。

任务一：学习

第一个任务，是学习经典的参考答案。

管理没有标准答案，只有参考答案；但是有些参考答案是更好的参考答案。那些经典的管理思想，就是我们需要学习的更好的参考答案。大多数经理人都读书太少，对经典的参考答案知道太少。

完成这个任务的一个技巧是找到适合自己的老师。

所谓的管理大师太多，我们不可能把每个人的思想都钻研透彻。而且，根据前面讲到的“管理大师悖论”，许多管理大师对你不一定适合。

你需要找到两三个适合自己的老师，精读这少数老师的思想，泛读其他老师的思想。这也是对第七章要讲到的二八法则的一个应用。

我为自己找到的老师，一个是德鲁克，另一个是马奇。这两个老师都符合我为老师设定的三个标准。

标准一：鹅卵石人格

鹅卵石人格指的是既要自信，又要谦卑。马奇就是这种人格的代表，他说：

> 我知道我只是沙滩上的一颗小鹅卵石，但是我是一颗非常坚硬的鹅卵石——就是这样一种感觉。①

德鲁克则表现得自信有余，谦卑不足，比如他说自己发明了管理这门学科、发明了战略这个分支，等等。不过，当马斯洛说他错了之后，他不是公开承认自己错了吗？

大师们一般都很自信，所以这里更需要强调的是谦卑：知道自己提供的只是参考答案，只是对模糊、复杂的现实世界的一种猜测。

标准二：π 形知识

π 形知识是对 T 形知识的发展。有人提倡 T 形知识结构，指的是既对某个领域有很深的钻研，又有广泛的涉猎。管理者需要对某一两个领域有精深的掌握；同时功夫在诗外，还需要广泛涉猎，这是 T 或者 π 的那一横。

我认为，只掌握一个领域是不够的，容易落入某种形式的锤子陷阱，至少应该对两个不是密切相关的领域有深入研究。所以应该是 π，而不是 T。

也就是说，如果你只是战略专家，那你很可能没有真正掌握战略。同理，如果你只是营销专家，我也不觉得你真正了解营销的精华。

如果你只是管理专家，那么你并不真正懂得管理。德鲁克

① 刘澜（2016），《领导力的第一本书：听大师讲领导力》，机械工业出版社，第 188 页。

以政治学者的身份跨界进入管理领域，同时还是日本美术的专家。马奇则在管理之外，还担任政治学、社会学、教育学教授，最初还讲授过心理学。

德鲁克这样说：

> 管理就是传统意义上的人文艺术——它之所以被称为“人文”，是因为它涉及知识、自我认知、智慧与领导艺术等基本要素；它之所以被称为“艺术”，是因为管理是一种实践与应用。管理者从人文科学和社会科学（心理学和哲学、经济学和历史学、自然科学和伦理学）中吸取所需要的知识与见识。①

π 形知识结构对于经理人来说也是重要的。一些企业在培养经理人时有轮岗的做法，给他们一个新的工作岗位，在负责的职能、业务或者区域等方面跟原有岗位不同。

轮岗至少有四个好处：

- 让经理人接触一个观察事物的新的角度，学习一种新的思考方式。
- 让经理人具有大局观（这是第二章要讲到的系统思考和第三章要讲到的概念能力）。
- 让经理人在组织中建立横向的人际关系。

---

① 德鲁克（2007），《德鲁克管理思想精要》，李维安等译，机械工业出版社，第 10—11 页。

• 而且，创新往往是旧的要素的新的组合。经理人有可能在这两个领域之间建立出人意料的关系，产生创新的想法。

标准三：3/3/3 感受

“3/3/3 感受”指好的老师给我这样的感受：他有 1/3 的思想（著作）让我拍案叫绝，有 1/3 我似懂非懂，还有 1/3 我完全不懂。

标准三跟标准二有些关系，既然符合标准二的老师既博大又精深，肯定有许多东西在广度和深度上是你一时难以理解的。

但是，这个老师必须要有一部分让你拍案叫绝，唤起你的共鸣，你才愿意投身其门下，才对剩下的不懂的部分充满期待。1/3 这个数字是可以变的，也可能是 1/2 让你拍案叫绝，1/3 让你似懂非懂，还有 1/6 让你完全不懂。

一个老师，如果百分之百都让你拍案叫绝，其实学习价值不是那么大。这个道理，你稍微想一下就能明白。

任务二：发现

第二个任务，是发现自己的参考答案。

读书太少与读书太多

我遇到有些经理人，可以相当自信地谈论自己的“理论”。比如，管人就是这三点，第一是什么，第二是什么，第三是什么。尽管自信是个好品质，但是他们常常暴露出两个毛病：

- 第一个就是读书太少，不知道经典的参考答案是什么；
- 第二个就是过于自信，不知道自己的答案其实只是一个参考答案。

绝大多数经理人的毛病都是读书太少。只有极少数经理人会犯另一个毛病：读书太多。我只碰到过一个这样的经理人。他跟我谈论德鲁克怎么说，明茨伯格怎么说。我说，你需要发现你自己怎么说。

读书太少与读书太多都不行。

两个要点

发现自己的参考答案有两个要点：

- 第一是“自己”的答案，但是自己是跟他人相对的，有他人才有自己。也就是说，自己的答案不是无中生有的，而是跟他人的答案比较中产生的。你需要知道他人的答案，在此基础上形成自己的答案。
- 第二是“参考”答案。你需要知道你形成的不是标准答案，而是参考答案。既然是参考答案，就需要灵活运用，就可以变化和修正。

任务三：应用

第三个任务，是在实践中应用、反思和修正自己的参考答案。

曾子式反思

《论语》的第一句话就是孔子讲学习。孔子说:“学而时习之,不亦说乎!”学而且在适当的时候实践它,真是愉快啊!

在古代,学习是两个词,学是效仿,习是实践、运用。而实践不是蛮干,需要反思。

孔子的学生曾子在《论语》中说:“吾日三省吾身:为人谋而不忠乎?与朋友交而不信乎?传不习乎?”

这句话很著名。曾子一边实践,一边反思。但是,曾子式反思的层次不够高,只是在“做没做”上反思。

双环学习

阿吉里斯提出的双环学习模型(图 1-2),是更高层次的反思。

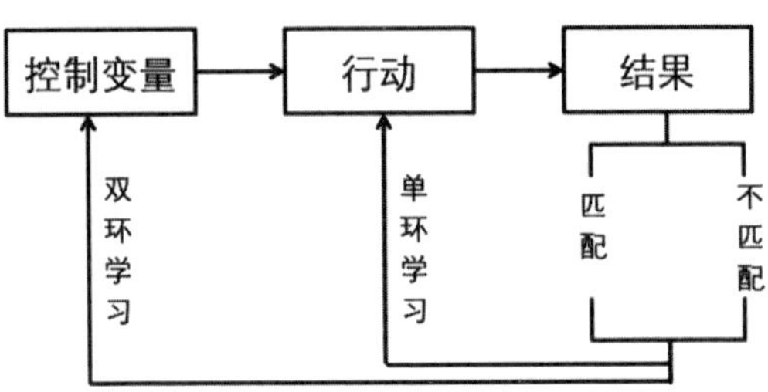

图 1-2 双环学习

来源:阿吉里斯(2004),第 89 页。

双环学习模型指出:在行动之后的学习(也就是反思)有两个层次:

- 第一个层次是单环学习，反思的是行动是否需要改变；
- 第二个层次是双环学习，反思的是引起行动的控制变量（比如说目标）是否需要改变。

在组织中，许多时候单环学习就足够了。但是经理人容易犯的一个毛病，就是在需要双环学习的时候却只进行了单环学习，没有质疑目标、标准、战略方向等控制变量是否需要改变。

极少数的经理人读书太多，绝大多数的经理人读书太少，但几乎所有的经理人都——反思太少，尤其是缺乏高层次的反思。

经理人不但要形成自己的参考答案（任务二），还需要在实践中对这些参考答案进行反思和修正（任务三）。

不同的管理学习者

我提到的学习管理的目的和任务，有些经理人可能很感兴趣，有些人则可能不以为然。这是因为在组织中，我们有不同的管理者，或者说，不同的管理学习者。

区分四种管理者

明茨伯格根据对生意的激情（从资源中获取最多的东西）和对管理的渴望（让人们最有效地发挥能量）这两个维度，区分了四种管理（学习）者（图 1-3）：

- 第一种是既有对生意的激情，又有对管理的渴望的，他们适合在大企业从事管理工作；

• 第二种是只有对生意的激情，没有对管理的渴望的，他们适合从事交易工作，或者经营自己的小生意；

• 第三种是没有对生意的激情，却有对管理的渴望的，他们适合在公共部门或社会部门从事管理工作；

• 第四种是既没有对生意的激情，也没有对管理的渴望的，他们适合当研究者，或者从事其他工作。

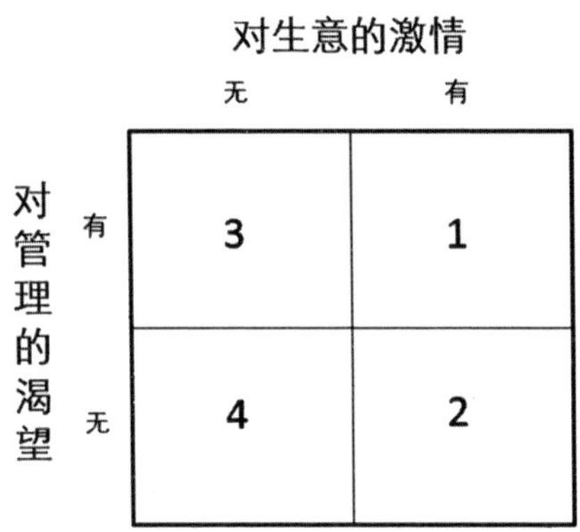

图 1-3　四种管理（学习）者

来源：明茨伯格（2005），第 16 页。

严格地说，缺乏对管理的渴望的可能是有职位的管理者，但他们不是有责任的管理者。后者才是真正的管理者。我会在第五章区分对管理者的两种不同定义，这里先搁置这个问题。

图 1-3 的分类帮助我们明白这样一种现象：许多管理者、许多 MBA（工商管理硕士）学生，尽管管理这个词是他们身份的一部分，但是他们真正感兴趣的不是管理（让人们最有效地

发挥能量)，而是生意（从资源中获取最多的东西）。

你是哪一种管理（学习）者？你真正具有对管理的渴望吗？

增长与发展的不同

这四种管理者的区分的背后，有一个更基本的对增长与发展的区分。

艾柯夫的区分

管理学者艾柯夫①这样区分增长与发展：

> 增长是扩大数量。发展是提高满足自己需要及合理要求和意愿的能力……发展是提高能力和竞争力的过程。个人及企业的发展是一种比挣钱更重要的学习过程。它与个人拥有多少资源关系不大，而与个人在多大程度上能利用他所拥有的资源密切相关。②

如果你突然继承了一大笔遗产，那么你有了增长，却没有发展。你之所以愿意花钱读一个 MBA，你应该是想要发展，尽管当下产生的成本导致了负增长。

简单地说，**增长是资源的数量增加，发展是利用资源的能力的提高**。这两件事可以相互推动，但也可以毫无联系。投资股市或者房地产可以带来增长（或者负增长），但是跟发展关系

---

① Russell L. Ackoff (1919—2009).

② 艾柯夫（2007),《艾柯夫管理思想精华集》，胡继旋等译，上海三联书店，第 59 页。

不大。你从现有职位晋升到一个高薪而且有更大挑战的工作，就既是增长，又是发展的机会。

明茨伯格所说的对生意的激情可以理解为对增长的激情，对管理的渴望就是对发展的渴望。

一个小案例

一个餐饮连锁企业的 CEO，对我说他非常喜欢读柯林斯①的《从优秀到卓越》② 一书。我问他是否记得书中提到的帕卡德法则。他说不记得。

我告诉他，帕卡德法则是惠普公司共同创始人帕卡德③的一句话：

> 一个公司的营业额持续增长的速度，不可能超过该公司在保持为一个伟大公司的前提下，得到足够的正确的人才来实施该增长的速度。④

原话比较拗口，简而言之就是：一个好公司持续增长的速度不可能超过其培养人才的速度，否则就不可能继续是好公司了。

---

① Jim Collins（1958— ）.

② 英文书名为 *Good to Great*，流行的中文版译名为“从优秀到卓越”，这个译名并不准确，但因为广泛流传，这里沿用这个译名。

③ David Packard（1912—1996）.

④ Collins，J.（2001）. *Good to Great*：*Why Some Companies Make the Leap … and Others Don't*. HarperCollins，p. 54.

听我说完，这个CEO面露得意之色，说："我们公司就打破了这个法则。"当时，这个公司正在快速扩张，新开了许多连锁店。

不久之后，我在中央电视台新闻里看到了对该企业某连锁店质量问题的曝光。

发展比增长更重要

帕卡德法则其实就是：增长要以发展为前提。这个餐饮企业的小案例，再次说明了帕卡德法则的准确性。

艾柯夫指出发展比增长更重要：

> 资源匮乏会限制增长而非发展。个人、组织、社会发展程度越高，对资源的依赖性就越小，利用资源能力也越强，而且有能力创造或取得所需的资源。①

你应该很高兴你在读这本书，而且读到了这里。读这本书不会带来增长，但是如果你善于读，它应该会带来发展。

---

① 艾柯夫（2007），《艾柯夫管理思想精华集》，胡继旋等译，上海三联书店，第60页。

第一章要点

1. 学习管理的目的。
2. 刘澜管理学习第一法则。
3. 真理的三种理论。
4. 皮格马利翁效应（自我实现的预言）。
5. 维克的理论之钟模型。
6. 学术知识的两个用处。
7. 10点钟方位的理论的特点。
8. 管理大师悖论。
9. 锤子陷阱。
10. 刘澜管理学习第一法则的推论。
11. 学习管理的三大任务。
12. 好老师的三个标准。
13. π型知识的重要性。
14. 轮岗的好处。
15. 发现自己的参考答案的两个要点。
16. 曾子式反思的缺陷。
17. 阿吉里斯的双环学习模型。
18. 明茨伯格的四种管理（学习）者模型。
19. 艾柯夫对增长与发展的区分。
20. 帕卡德法则。

第二章　管理者的心智模式

学习管理是学习思想，而管理思想主要以模型的形式出现，因此学习管理必须要学模型。重要的模型可以叫作模式，因此重点是学模式。最重要的学习是模式化学习。

为什么面对同样的信息、同样的世界，人们会看到不同的图像，做出不同的决策？因为每个人的心智模式不同。

学习管理的最终目的是建立更为有效的心智模式。

模　型

有些人会被模型这个词吓住，也许他们马上想到了数学模型。其实，建立模型是我们每个人都很熟悉的活动。

模型的定义

这是马奇与其合著者提出的模型的定义：

> 一个模型是对世界某一部分的一幅简化的图像。它有现实世界的某些特征，但不是所有特征。它是关于世界的

一套相互关联的猜测。[①]

简单地说，**模型就是简化的猜测。**

我们每个人都建立过模型。你用积木搭建一个房子，或者用笔在纸上画一个房子，那就是一个模型。

模型是简化。它包括了房子的某些特征，但不是所有的。如果要包括房子的所有特征，那就要搭建一所真正的房子。

模型是猜测。你搭建或者画出来的窗子、屋顶是你对实际的窗子、屋顶的一种猜测，整个房子模型是一套相互关联的猜测。

学管理先是学模型

学管理先是学模型，因为管理的经典参考答案主要是以模型的形式出现。

维克的理论之钟是一个模型，他采用的三个标准是他对判断理论的标准的猜测，他对三个标准之间的关系的分析也是他的猜测。整个模型是对理论判断活动（精神世界的一部分）的一个简化。

明茨伯格的四类管理（学习）者也是一个模型，是明茨伯格对如何给管理者进行分类的一个简化。管理者可以有多种分类方式，这种分类方式是明茨伯格的猜测。

---

① Lave, C. A., & March, J. G. (1993). *An Introduction to Models in the Social Sciences*. University Press of America, p. 3.

好模型的特征

我们每个人的大脑中都有自己对世界的模型。

比如，你也有自己的管理者分类：你认为管理者有男女之分，或者有职位高低之分，或者有成果大小之分。但是，你很可能没有想到可以用对生意的渴望和对管理的激情来区分，或者用追求增长与追求发展来区分。

我们之所以要学习别人的模型，是因为别人的模型可能更好。好模型大致具有这样一些特征。

特征一：精简而准确

好的模型对世界进行了精简而准确的捕捉。好的模型如同好的漫画（漫画也是模型）一样，既要精简，又要准确。

房子的模型需要精简，不然就不叫模型；但是又需要准确，不然大家不认为是房子。至于精简到什么程度，用什么标准来判断准确，跟模型的用途有关系。我们不会用同样的标准来判断小孩搭建的积木房子和建筑师在设计房子时制作的模型。

特征二：有趣

好的模型捕捉到了世界的重要特征。好的模型如同好的电影和小说（电影和小说也是广义的模型）一样，是有趣的，会丰富我们看待世界的角度。

好的模型是有趣的，它呈现我们很可能没有看到的世界的重要特征，提醒我们注意。比如，你可能把 MBA 学生分类为爱学习的和不爱学习的，制造业的、金融业的、其他行业的，男的和女的……而明茨伯格提醒你，用对生意的激情和对管理的渴望来区分，在许多时候也许更有启发。

特征三：举一反三

好的模型成为理解其他参考答案的依据。因为好的模型捕捉到了世界的重要特征，因此它不仅适用于该模型考察的那部分世界，而且可以帮助我们考察世界的其他部分。

也就是说，好的模型让我们举一反三，触类旁通。

明茨伯格用对生意的激情和对管理的渴望来区分管理者，可以帮助我们理解管理的其他参考答案。下面是两个例子。

例一

通用电气前CEO韦尔奇[1]说，尽管做管理工作有时是很枯燥乏味的，但是——

> 如果把每天都看成培养人的过程，那又该是怎样一种心情？实际上，请把自己当作一名园丁好了，一手提着洒水壶，一手提着肥料桶。偶尔，你需要去除一些杂草，但是大多数时候，只要浇水施肥、细心呵护就可以了。随后，你就能看到满园花开。[2]

---

① Jack Welch（1935— ）.

② 杰克·韦尔奇、苏茜·韦尔奇（2005），《赢》，余江、玉书译，中信出版社，第56页。

韦尔奇的这段话也是一个模型，用园丁来比喻管理者。这段话单独看也很感人，但是如果结合明茨伯格的模型来看，也许看得更清楚。

如果用明茨伯格的模型来看这段话，可以看到——韦尔奇拥有对管理的渴望。这正是做一个大公司 CEO 所需要具备的。韦尔奇曾经被美国《财富》杂志称为“世纪 CEO”，应该不是完全靠运气。

例二

我们再来看一段话。这是欧洲管理学者马利克①谈组织中的两类结果：

> 在每一个组织中，总是可以看到两类结果：第一类是与人员有关的结果，如聘任、晋升、人力资源开发、人员安排等；第二类是与金钱有关的结果，如财务资源的获取与利用。换言之，每一个组织都需要人和钱。除此之外，很难再对组织的结果进行分类。②

马利克的这两类结果也是一个模型。我们也可以用明茨伯格的模型来理解这个模型：与人员有关的结果是管理的结果；与金钱有关的结果是生意的结果。

艾柯夫的增长与发展的区别也是一个好模型，比明茨伯格

---

① Fredmund Malik（1944— ）.

② 马利克（2009），《管理成就生活》，李亚等译，机械工业出版社，第 45 页。

的模型更具有一般性，也可以用来解释上面韦尔奇和马利克的话：韦尔奇的话说明他重视发展；马利克所说的人员的结果是发展，金钱的结果是增长。

特征四：预测和行动

好的模型中往往有过程，可以表述为：如果 X 更大，则 Y 更大。因此，好的模型会帮助我们更好地预测和行动。

许多矩阵式模型是缺乏过程的，但是明茨伯格的四类管理者模型其实包含着过程：如果对管理的渴望大，成为成功管理者的可能性更大；如果只拥有对生意的热情，那么适合做交易员或者当小老板。

特征五：惊讶

好的模型往往带给我们惊讶。

如果模型是老生常谈，我们一般不会为之倾倒。如果模型过于出人意料，我们又可能嗤之以鼻。好的模型要在二者之间取得平衡，但必定包含一些新鲜要素。

时间管理矩阵

我们来看一个广为流传的时间管理矩阵（图 2-1）。有人把这个模型叫艾森豪威尔时间管理模型，说是曾经担任美国总统的艾森豪威尔①提出的。②

---

① Dwight D. Eisenhower (1890—1969).

② 哈韦等（2007），《关键管理模型》，李志宏译，中国市场出版社，第 98 页。

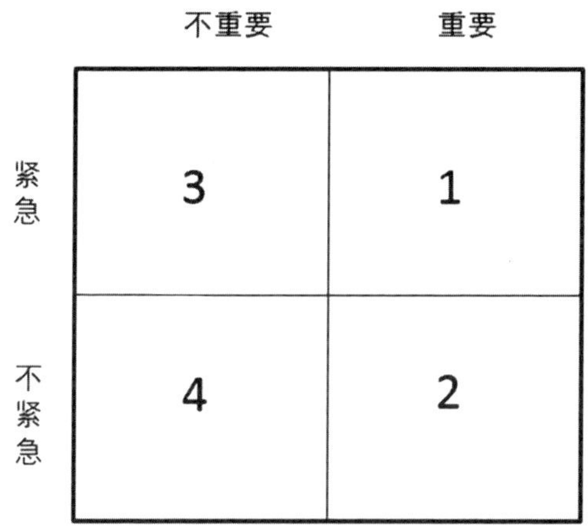

图 2-1　时间管理矩阵

来源：本书作者改编自柯维（2003），第 122 页。

这个模型说，我们应该把事情按照是否重要和是否紧急分为四类，不同的类别有不同的处理方式。

真正的惊讶之处

自我管理大师柯维①在自己的畅销书《高效能人士的七个习惯》中，用这个模型来讲“要事第一”的理念。这本书以及根据这本书开发的培训课程在中国也很受欢迎，因此许多中国经理人知道这个模型。

但是，我曾经在课堂上提问过许多经理人，发现很少有人真正掌握了奥妙。

---

① Stephen R. Covey（1932—2012）.

这个模型最重要的结论是：我们应该放在第一位的要事不是第一象限的又重要又紧急的事情，而是第二象限的那些重要而不紧急的事情。

这是这个模型的惊讶所在。

特征六：启发思考

好模型在思考方式上给我们启发。好模型的价值往往不仅在于结论，更在于其思考方式。

启发一

以前面提到的时间管理矩阵为例。许多人直接作为工具来用，而你真正要学的也许是藏在工具背后的思想（刘澜管理学习第一法则的推论），以免落入锤子陷阱。

时间管理矩阵最大的价值是思考方式上的启发。第一个启发就是分类——把我们的事务分类进行管理。

至于按什么维度分类，也许你可以自由发挥。紧急与重要真的是最适合的两个维度吗？是否可以按上司要我做的与我自己想要做的来分类？或者按对公司有利与对自己有利的两个维度来分类？或者，按重要与必要来分类？

启发二

时间管理矩阵在思考方式上还有一个更深层次也更为微妙的启发：在两个主要维度上得分都很高的，反而不一定是我们要真正重视的事物。

具体就这个模型而言，第一象限的事情之所以不是最需要重视的事情，有两个原因：

- 如果我们觉得第一象限（又紧急又重要）的事情很多，有可能是一个误解，把第三象限（紧急而不重要）的事情误以为是第一象限的事情了。
- 第一象限的事情，往往是因为我们忽视了第二象限（重要而不紧急）的事情而演变来的。如果我们重视了第二象限的事情，绝大多数第一象限的事情根本就不会发生。

我会在第八章为这个模型提出一个更为完整的解决方案。

模 式

学管理不仅是学模型，更是学模式。

模型是对现实的一种抽象，有些模型比另一些模型更加抽象，提炼出了更普遍的规律性，可以称之为模式，以区分于一般的模型。

模式的特点

模式也是模型，不过是更好的模型。模式具有好模型的特征，尤其是前面讲到的前三个特征。换句话说，模式更具规律性和框架性：

- 规律性指的是它提炼了更普遍的规律；

- 框架性指的是我们可以依据它来组织其他的知识。

规律性和框架性是模式的两大特点。这两者是相关的，规律性决定了其框架性。

模式的例子

模型和模式是相对而言，可以说模型是更浅层次的模式。

比如，“小张受了上司的气，回到家就会打孩子”，这是个模型，也可以说是个模式，是对小张某种行为模式的概括。

但是，如果我们进一步观察和提炼，可能得出一个新的模型：“弱者受到强者欺负，会对更弱者出气。”这个模型相对前一个模型就是更深层次的模式，更具规律性，因此就更具框架性——可以用这一个模型作为框架，来概括前一个模型。

前面提到的关于真理的三种理论，相对其他关于真理的更具体的说法，就是一个模式。它提炼出了一个更普遍的规律（规律性），因此我们可以根据这个分类来组织真理的种种说法（框架性）。

明茨伯格区分管理者有两个维度，马利克区分组织结果有两个类别，看起来非常相似，但是似乎又不能互相替代。在这两个模型背后是否有一个更深层次的模式呢？是的，这个模式就是艾柯夫对增长与发展的区分。

学模式的意义

学管理就是学模式。模式的两个特点决定了学模式的两大意义：

• 模式更具规律性，因此学模式更能抓住更深层次的规律。每天的天气都在变化，但是一个农夫更重要的不是了解每天的天气预报，而是抓住深层次的规律——春、夏、秋、冬的轮换。

• 模式具有框架性，可以把其他的模型组织起来。因此，学一个模式，可以帮助我们更深刻、清晰地理解其他很多模型，甚至根本不用学那些模型。

我在前言中引用了哲学家怀特海的话："智慧增长，知识就会消减，因为细节会被原则包容。"模式就是智慧，就是原则。

未来学家奈斯比特①说：

> "唯一不变的是变化"这一论断虽然非常普遍，却十分荒谬。我认为，起码在商业领域中，这一论断是无法成立的。②

他的论断是：很多事情变了，而大多数事情没有变。

历史学家赫拉利说：优秀的历史学家总是找到例外；更优秀的历史学家知道例外只是例外。③ 比找到例外更重要的，是找到规则；比看到变化更重要的，是看到不变的模式。

---

① John Naisbitt（1929— ）.

② 奈斯比特（2010），《世界大趋势》，魏平译，中信出版社，第 10 页。

③ 赫拉利（2014），《人类简史：从动物到上帝》，林俊宏译，中信出版社，第 251—252 页。

最重要的管理模式

我们举一个模式的例子。这个模式可以说是最重要的管理模式。

法约尔的管理五要素

这就是已经在前言中提到过的法约尔的管理五要素模型。

第一个“管理”学者

法约尔可以说是第一个专门的“管理”学者。在法约尔之前，没有人专门思考过全面的、一般的管理问题。

与他时代相同但是成名更早、在当时影响更大的泰勒①——“科学管理”的发明者——思考的不是一般的管理，而是生产管理。“科学管理从本质上说是一种工程学方法，聚焦于‘最节约地使用工人’。”②

法约尔是个总经理（之前是工程师），泰勒是个工程师（后来成为咨询顾问），这大概也是两个人视角不同的原因。泰勒从车间看管理，法约尔从总经理办公室看管理。

企业的六种职能

法约尔发现：“企业不论大小，简单还是复杂，都存在这6

---

① Fredrick W. Taylor（1856—1915）.

② 雷恩、贝德安（2014），《管理思想史（第六版）》，孙健敏等译，中国人民大学出版社，第220页。

种主要的、不可或缺的活动。”① 他称之为企业的六种职能：

- 技术职能（生产、制造、加工）
- 商业职能（采购、销售、交易）
- 金融职能（筹集和管理资本）
- 安全职能（员工及财产保护）
- 财务职能（财产清单、资产负债表、成本、统计等）
- 管理职能（计划、组织、指挥、协调和控制）

管理五要素

法约尔认为，管理职能明显区别于其他基本职能。管理职能的五个要素是：

- 计划：预见未来和拟订行动计划；
- 组织：建立一个既有物质性又有社会性的双重性机构；
- 指挥：让人们去执行；
- 协调：沟通、联合，并使所有行为和力量达到和谐和统一；
- 控制：遵照已有规则和既定程序，监督事物的运行。②

① 法约尔（2013），《工业管理与一般管理（珍藏版）》，迟力耕、张璇译，机械工业出版社，第 3 页。

② 法约尔（2013），《工业管理与一般管理（珍藏版）》，迟力耕、张璇译，机械工业出版社，第 6 页。

管理的四大职能

法约尔关于企业的六项职能的说法被遗忘了，但是，他的管理五要素流传了下来，只不过被改成了管理的四大职能：计划、组织、领导和控制。① 在许多“管理学”教科书里都能看到这种说法。

从管理五要素变成四大职能，有两点需要注意：

- 协调这个要素神秘地消失了。难道是因为协调通常是横向协调，而管理逐渐变成向下管理？②
- 指挥变成了领导。这是违背法约尔的原意的。法约尔明确地说过不要混淆管理和领导。③

我在本书前言说过，“管理学”教科书对讲什么内容，还没有达成一致意见。但是几乎每一本教科书，都会讲到法约尔的管理五要素或者管理的四大职能。而且绝大部分教科书，都以管理的四大职能——或者在此基础上略加改动④——作为其内容

---

① Tsoukas, H. (1994). What is Management? An Outline of a Metatheory. *British Journal of Management*. 5: 289-301.

② 一种说法是因为协调不是一种单独的职能，而是其他职能有效运用的结果。参见雷恩、贝德安（2014），《管理思想史（第六版）》，孙健敏等译，中国人民大学出版社，第474页。

③ 法约尔（2013），《工业管理与一般管理（珍藏版）》，迟力耕、张璇译，机械工业出版社，第6页。

④ 有些教科书会加上人力资源作为一个单独的部分。在法约尔的模型中，人力资源工作包括在组织这个要素中。

的框架。①

如果说“管理学”教科书有一个共同点，那就是法约尔的模型。因为它抓住了管理活动最本质的模式。管理是实现未来目标的活动，分解开来就是计划、组织、指挥、协调、控制。

法约尔管理模式的影响

你必须知道法约尔的管理五要素。因为后人对管理要素（职能、工作、任务）的归纳，都有意无意地受到法约尔的影响。

古利克

1937 年，哥伦比亚大学教授古利克②提出了简称为 POSDCORB 的管理者职能模型：计划、组织、人事、指挥、协调、汇报、预算。③

这显然源自法约尔的五要素，计划、组织、指挥、协调都在，不过把人事从组织中分拆出来，把控制分成了汇报和预算。这个模型曾经很有影响，现在已经不流行了。

德鲁克

德鲁克说管理者有五项工作：设定目标、组织、激励和沟

---

① Carroll, S. J., & Gillen, D. J. (1987). Are the Classical Management Functions Useful in Describing Managerial Work? *Academy of Management Review*. 12 (1): 38-51.

② Luther Gulick (1892—1993).

③ 雷恩、贝德安（2014），《管理思想史（第六版）》，孙健敏等译，中国人民大学出版社，第 415 页。

通、衡量、育人（包括育己）。① 这跟法约尔的五要素区别不大。

设定目标就是计划，衡量就是控制。这跟法约尔的区别只是：

- 把指挥变成了激励和沟通；
- 把协调包括在了沟通之中；
- 把法约尔包括在组织中的培训拆分出来，变成一项单独的工作（育人）进行强调。

德鲁克有时会换个说法，说管理工作是计划、组织、整合和衡量，而整合包括横向整合和向下整合。② 德鲁克所说的横向整合就是协调，向下整合强调上下级协调，不过也应该包括指挥。

马利克

马利克说管理有五大任务：制定目标、组织、决策、监督、员工发展。③

跟德鲁克一样，马利克把育人（员工发展）单独列了出来。跟德鲁克不一样的是，马利克把法约尔的指挥变成了决策，而

---

① 德鲁克（2007），《管理：使命、责任、实务（实务篇）（中英文双语典藏版）》，王永贵译，机械工业出版社，第 268 页。

② 德鲁克（2007），《管理：使命、责任、实务（实务篇）（中英文双语典藏版）》，王永贵译，机械工业出版社，第 17—18 页。

③ 马利克（2009），《管理成就生活》，李亚等译，机械工业出版社，第 108 页。

且协调彻底消失了，而德鲁克的整合或者沟通算是保留了协调。

柳传志

联想公司创始人柳传志总结了联想的管理三要素：建班子、定战略、带队伍。①

定战略是计划，建班子是组织，带队伍则包括了指挥和德鲁克强调的育人。显然，柳传志的管理秘诀只是法约尔经典模式的一个变形。

刘澜管理学习第二法则

后人很难摆脱法约尔的影响，因为他发现了模式，抓住了深层次的规律。我们可以把这个模式作为框架来构建关于管理的其他知识。

我们对法约尔的强调，引出了另一个学习法则。这就是**刘澜管理学习第二法则：学习模式，而非碎片。**

与模式相对的另一个极端不是模型，而是碎片。一端是模式，另一端是碎片，模型处于两者之间。模型相对碎片来说更像模式，相对模式来说也是碎片。

模式是规律，是框架，是原则；碎片是表象，是细节，是个案。

学习管理的目的是改变思想，而改变思想不仅仅是改变碎

① 参见张涛（2015），《柳问：柳传志的管理三要素》，浙江人民出版社，Kindle 版。有时候也表述为搭班子、定战略、带队伍。

片，更要改变模式。

碎片化学习

有人读书或者听课，认为只要读到或者听到一两句有用的话，就已经值得了。这种学习精神既值得赞扬，又需要批评。这是碎片化学习。

碎片化学习有三大危害。

没有抓住规律

第一，你没有学到真正的规律。模式藏在碎片的背后，只学碎片并没有学到事物的真正规律。

有个成语故事叫东施效颦。东施学西施，采用的就是碎片化学习。“颦”也是西施的碎片之一，但是“颦”不是西施之所以美的核心，甚至根本就不是西施的美的模式的一部分。

难以正确应用

第二，你难以应用学到的碎片。

如果你学的都是一个花瓶的碎片，最终你可能拼出一个花瓶来。但如果学到的碎片分别来自花瓶、镜子和铁锅，而且你不能识别它们来自不同的整体，最终你什么都拼不出来。

不同的模式有不同的碎片，或者用科学哲学的术语来说，不同的模式是“不可通约”的。

海底捞是个瓷花瓶，你的企业可能是口铁锅。你学到的瓷花瓶的碎片，难以应用到你的铁锅上。

学习效率不高

第三，碎片太多，学起来很累。太多的细节、表象让你眼花缭乱，耗费了你的精力。最终收获的还是一堆碎片，不值。

一个 MBA 学生很骄傲地对我说：他两年一共听了多少多少门课程。我说：你真正要做的事情也许是学通三门课程。学通——就是掌握模式。

成功企业悖论

有本曾经很流行的管理书叫《海底捞你学不会》。这本书其实没有讲清楚海底捞你为什么学不会。

不仅说海底捞你学不会，而且华为你也学不会，阿里巴巴你也学不会，谷歌你也学不会。

在第一章，我提出了一个管理大师悖论：管理大师往往不准确。我现在再提出一个**成功企业悖论：成功企业往往学不会。**

那些吸引了大家注意力的非常成功的企业，往往并非很好的学习对象。有三个原因：

- 天才很难学习
- 运气很难学习
- 模式很难学习

天才很难学习

这些非常成功的企业的创始人，往往是跟常人很不相同的天才。你看着天才，就好像孔子的学生颜回看着孔子一样，只有感叹："仰之弥高，钻之弥坚。瞻之在前，忽焉在后。"天才让我们有神龙见首不见尾的感觉，是很难学习的。

在《基业长青》这本书中，管理学者柯林斯和波拉斯研究了 18 家美国大公司 CEO 们最为推崇的 18 家公司的成功秘密。这些公司最年长的是成立于 1812 年的花旗银行，最年轻的是成立于 1945 年的沃尔玛。①

《基业长青》获得了巨大成功，成为全球性管理畅销书，但是麦肯锡咨询公司的一位高管，却对柯林斯说《基业长青》没有用，因为：

> 你写到的那些公司基本上一直都是伟大的。他们从来没有过不得不把自己从平庸的公司变成伟大的公司的时候。他们有像大卫·帕卡德②和乔治·默克③这样的创始人，从一开始就打造了伟大的品质。但是大多数公司是在半路上才恍然醒悟，发现自己只是平庸而非卓越，那该怎么办?④

天才的起点很高，你在半路上要学天才，已经来不及了。更何况，天才能做出来的动作，你往往是做不出来的。

---

① Collins, J., & Porras, J. I. (1994). *Built to Last: Successful Habits of Visionary Companies*. HaperCollins.

② 他创办的惠普公司是《基业长青》研究的公司之一。

③ 默克公司也是《基业长青》研究的公司之一。在乔治·默克（George W. Merck, 1894—1957）的领导下，默克公司从化工业转型到制药业。他为默克公司制定的企业原则沿用至今。

④ Collins, J. (2001). *Good to Great: Why Some Companies Make the Leap … and Others Don't*. HarperCollins, p. 1.

运气很难学习

著名心理学家、诺贝尔经济学奖获得者卡尼曼①最喜欢的方程式是以下两个：

> 成功=才能+运气
>
> 巨大的成功=多一些才能+多很多运气②

卡尼曼很怀疑大家能从谷歌这样的巨大成功里学到很多东西：

> 当然，谷歌的故事中也包含很多技能，但是运气扮演的角色，在实际发生的事件中相比在讲述的故事中，要重要得多。越多运气在里面，能够学到的东西就越少。③

那些取得巨大成功的公司，往往有着巨大的运气。你怎么学习运气？

模式很难学习

第三个原因才是最根本的原因。因为严格说来，天才也不是完全不可以学习，运气也不是完全不可能学习。

成功的企业往往很难学习，因为你看到的都是一个个碎片，而不是碎片背后的模式。也就是说，你很难看到真正的规律。

---

① Daniel Kahneman（1934— ）.

② Kahneman，D.（2012）. *Thinking，Fast and Slow*. Penguin Books，p. 177.

③ Kahneman，D.（2012）. *Thinking，Fast and Slow*. Penguin Books，p. 201.

即使你发现了碎片背后的模式，你也很难复制整个模式。如果你在模式上跟海底捞不同，你从海底捞学来的碎片往往发挥不了作用，甚至可能让你的企业变得更糟。

我们学习一家企业，真正要问的问题不是它有哪些先进的管理实践，因为那些具体的做法都是碎片。

真正要问的问题是：它的管理实践背后的理念是什么？这些理念背后的模式是什么？这个模式是不是我要学习的？

模式化学习

与碎片化学习相对的学习方式是模式化学习。

碎片化学习的三大危害，反过来就是模式化学习的三大好处：

- 掌握核心规律
- 真正落地运用
- 提高学习效率

霍夫斯泰德四种基本管理模式

那么，海底捞的模式是什么？

关于企业的管理模式的概括，没有标准答案。我介绍一种说法，用权威的集中化和活动的结构化两个维度来概括四种基本的企业管理模式，如图 2-2 所示。

- 权威的集中化指权力是否集中在少数人手里。如果上级的权威不容挑战，那么权威的集中化程度高。如果下级对上级

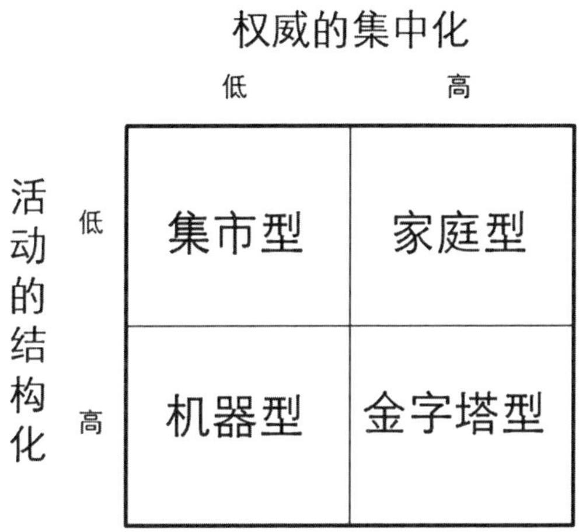

图 2-2　霍夫斯泰德四种基本管理模式

来源：本书作者改编自吉尔特・霍夫斯泰德、格特・扬・霍夫斯泰德（2010），第 259 页。

提出不同意见是很常见的事情，那么权威的集中化程度低。

- 活动的结构化指的是规章制度是否严格，活动是否需要严格按照流程来进行。

根据跨文化研究大师霍夫斯泰德①的研究，不同国家文化的人在这两个维度上②的得分有显著差异，因此德国企业倾向于机器型企业，法国企业倾向于金字塔型企业，中国企业倾向于家

① Geert Hofstede（1928—　）.

② 霍夫斯泰德对这两个维度使用的术语略有不同，分别是权力距离与不确定性规避。

庭型企业，英国企业倾向于集市型企业。

每个国家的企业都多种多样，中国企业也不完全是家庭型。跨国企业的情况就更复杂。我们要做的事情不是背诵霍夫斯泰德的结论（当然背诵这个模型也是有价值的），而是学会这种发现复杂现象背后的基本模式的思考方式。

两种模式化学习

模式化学习还可以区分为两种：

- 一种是建立模式的模式化学习；
- 另一种是应用模式的模式化学习。

首先，你要建立模式。比如，你掌握图 2-2 这个模型，就是在大脑中建立模式。当然，你也可能对这个模型不是那么满意，而是比较关于基本管理模式的多个模型，从中选取你更为认同的，或者融合这些模型建立一个自己的模型。这个过程就是建立模式的模式化学习。

建立模式之后，你应用这个模式来学习碎片。比如，在学习海底捞的时候，你想：

- 海底捞属于什么基本管理模式？我的企业是什么基本管理模式？
- 如果模式相同，那么海底捞的哪些碎片是可以直接移植过来的？
- 如果模式不同，你要问自己：我想要改变自己的模式、移植海底捞的模式吗？

• 如果是，你再问自己：我是想要彻底改变、完全移植，还是保留某些原有的模式、嫁接过来部分新的模式？怎样嫁接才合理？

• 如果不想移植海底捞的模式，那么你问自己：有哪些碎片是在两个模式下都可以通用，可以学习的？有哪些碎片是可以在你自己的模式下“重新发明”的？

系统思考

模式化学习是系统思考的要求。

管理与系统

下面一段话界定了系统和它的三个构成要件：

> 系统并不仅仅是一些事物的简单集合，而是一个由相互连接的要素构成的、能够实现某个目标的整体。从这一定义可见，任何一个系统都包括三种构成要件：要素、连接、功能或目标。①

系统的定义告诉我们，系统的概念和管理的概念紧密相关。之前我对管理的定义是：实现未来目标的活动。现在我们可以更进一步：**管理就是一个系统有意识地实现目标的活动。**

---

① 梅多思（2012），《系统之美：决策者的系统思考》，邱昭良译，浙江人民出版社，第 18 页。

机器是个系统，一棵树也是个系统，但是它们无法管理，因为它们不能“有意识地实现目标”。组织跟管理则密不可分，因为作为系统的组织要有意识地实现其目标。

个人实现目标也是管理。一个人本身就是一个系统，而且一个人跟他要用来实现目标的其他有形和无形的资源也组成了一个系统。

管理与系统思考

管理要求系统思考。系统思考的英文是 systems thinking，而不是 systemic thinking。它强调的不是系统化思考，而是把世界看作各种系统来思考。

简单说，系统思考的基本要点就是两点：

- 系统不是部分之和；
- 不能离开整体来理解部分。

比如，人体是一个系统，但它不是把人体各个器官简单加总到一起，你也不能离开整体来单独理解各个器官。

组织也是一个系统，对系统中某一部分的最优化往往不会导致整体业绩的提高。艾柯夫喜欢举的例子是：把豪华的劳斯莱斯车的引擎安装在韩国现代车上，现代车根本就发动不起来。①

---

① 艾柯夫（2007），《艾柯夫管理思想精华集》，胡继旋等译，上海三联书店，第 11 页。

系统思考要求模式化学习。你不能只看到碎片，还要看到碎片在系统中的位置，跟其他碎片的联系。碎片化学习用处不大，甚至可能起反作用，就像上面现代车的例子。

组织系统的特殊性

艾柯夫按照整体和部分是否有意图，区分了四种系统：决定论系统、活体系统、社会系统、生态系统（图 2-3）：

- 决定论系统：系统的整体没有自己的意图，各个部分也没有自己的意图。机械就是这样的系统。汽车用于交通运输，这不过是使用汽车的人的意图。汽车本身及其各个部分（引擎、轮子等）没有自己的意图。植物也是决定论系统（植物有生存的目标，但这不是自己选择的意图）。
- 活体系统：系统的整体有自己的意图，但是各个部分没有自己的意图。人和动物是活体系统。人有自己的意图，但是人的各个部分没有自己的意图。
- 社会系统：系统的整体有自己的意图，各个部分也有自己的意图。家庭是这样，组织也是这样。家庭和组织作为整体有自己的意图，但是家庭的各个成员、组织中的各个部门也有自己的意图。
- 生态系统：地球就是这样一个系统，作为一个整体没有自己的意图，但是各个部分有自己的意图。

管理主要涉及组织系统（组织系统包括人的活体系统和机械的决定论系统）。组织系统的特点是：组织有整体的意图，但

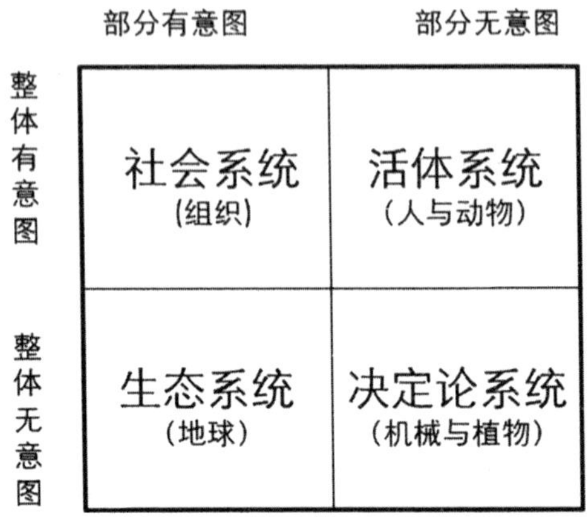

图 2-3　艾柯夫的四种系统

来源：本书作者改编自艾柯夫（2007），第 44 页。

是其各个部分（各个分支机构或者个人）也有自己的意图。组织的各个部分也有优化自己的动机，而这往往妨碍组织整体的优化。

刘澜管理学习第三法则

我们思想中的模式被称为心智模式。我们学习管理最终是为了改善心智模式。卓有成效的管理者区别于他人的是卓有成效的心智模式。

心智模式

心智模式有时也被翻译为思维模式。**心智模式是一系列互相关联的看法，已经成为我们接收和分析信息的固有套路。**

心智模式的重要性

奈斯比特以预言未来的大趋势著称。他的一个朋友问他如何工作。他说：未来隐含于现实之中，仔细观察就可以发现趋势。朋友问：我也仔细观察世界局势，为什么没有得出跟你相同的结论呢？

奈斯比特的回答是：因为思维模式不同。奈斯比特用了一个比喻：

> 思维模式就像是雨水（信息）所灌溉的土壤，土壤的不同会导致生长的植物的不同，而思维模式的不同会促使人们得出的结论不同。思维模式就是我们接收信息的方式，这才是问题的关键。①

接收到的信息是碎片，我们主要通过把碎片纳入模式来学习。这个特点是人类的本性，从婴儿时期就开始了。

比如，婴儿看到家人撕纸会笑开怀，因为撕纸对他/她来说是意外的事。人类从意外中学习，但是“我们需要熟悉的结构才能从意外的经历中学到东西”。② 先有“意”，然后才会有“意外”。

因此，碎片化学习只有在模式化学习的基础上才能生效：我们可以把碎片放到已有的模式之中，并把暂时无处安放的碎

① 奈斯比特（2010），《世界大趋势》，魏平译，中信出版社，第 xviii 页。

② 温特（2016），《狡猾的情感：为何愤怒、嫉妒、偏见让我们的决策更理性》，王晓鹂译，中信出版社，第 189 页。

片搁置起来，期待形成新的模式。如果脑子充满了无处安放的碎片，我们说这样的人的脑子是一团浆糊。

我们的大脑自动调用已有的心智模式，对海量信息进行过滤、接收、分析、判断。奈斯比特认为几乎所有领域中进行的判断都与心智模式有关。显然，心智模式很重要。

有效的心智模式的重要性

奈斯比特举了一些重要的心智模式的例子，其中之一是“很多事情变了，而大多数事情没有变”。带着这样的心智模式，你就更可能关注表象之下的模式和趋势，这个心智模式会影响你接收、分析信息的方式。

与之相反的“唯一不变的是变化”也是一个心智模式。带着这样的心智模式，你就更可能关注各种变化，但是更容易陷入细节和表象之中。而且，如果你不知道哪些是不变的，你也很难发现那些真正的变化。

所以，在上面两个心智模式中，前者有可能更有效，而后者只有结合前者使用才能有效。显然，我们要让心智模式更有效。

组织层面的心智模式

学习型组织的概念因为圣吉①的推广而广为流行。圣吉提出了学习型组织的五项修炼：自我超越、心智模式、共同愿景、

① Peter M. Senge（1947— ）.

团体学习和系统思考。

圣吉指出了心智模式的重要性："我们的心智模式不仅决定我们如何认识周遭世界，并影响我们如何采取行动。"①

而且，圣吉指出了在组织层面反思并改变心智模式的重要性：

> 任何组织最关键的心智模式，就是决策者们共有的心智模式。这些模式如果未经检视出来，组织的行动将陷于熟悉而安适的范围内。②

不管是作为学习型个人还是学习型组织，我们都需要发展更为有效的心智模式。

固定心智与成长心智

心智模式的内容各种各样。心理学家德威克③命名的固定心智与成长心智④，也许是两种非常基本的心智模式，对管理者也有重要的启发意义。

人大致可以分为两种：拥有固定心智的人认为智力是天生不变的，拥有成长心智的人认为智力是可以改变的。从这两个

① 圣吉（1998），《第五项修炼——学习型组织的艺术与实务》，郭进隆译，上海三联书店，第202页。

② 圣吉（1998），《第五项修炼——学习型组织的艺术与实务》，郭进隆译，上海三联书店，第215页。

③ Carol Dweck（1946— ）.

④ Dweck, C. S.（2008）. *Mindset: The New Psychology of Success.* Ballantine Books.

不同的理论出发，他们有以下的区别：

- 前者设定绩效目标，认为是否达到目标是对自己智力的测量；后者设定学习目标，认为不管是否达到目标，自己都有可能从过程中学习，从而提高智力。
- 绩效目标可以让前者在简单的任务中表现出色，但不愿冒险；学习目标可以让后者在复杂的任务中勇于尝试，表现出创造性。
- 前者遇到挫折容易过早放弃，认为挫折证明了自己不行；后者遇到挫折不轻易放弃，认为挫折提供了学习机会。
- 前者在失败后沮丧，认为失败是对自己智力低下的判决；后者在失败后积极总结从失败中学习到的收获。
- 前者不愿向人求助，认为他人会因此看不起自己；后者乐于向人求助，认为可以从他人身上学到东西……

我们可以发现，很多貌似碎片的行为，比如遇到困难是否向人求助，其实是心智模式的一部分。要根本改变一些行为，往往需要在心智模式的层面上改变。

而且，如果能够改变心智模式，改变的就不是一种行为，而是一系列的行为。因此，心智模式的改变，才是最重要的改变。

三环学习

在第一章，我讲了管理的一个经典参考答案：阿吉里斯的双环学习模型。我还讲了，学习管理的任务之一是发现自己的参考答案。现在，我在双环学习模型基础上，提出一个自己的参考答案：三环学习模型（图 2-4）。

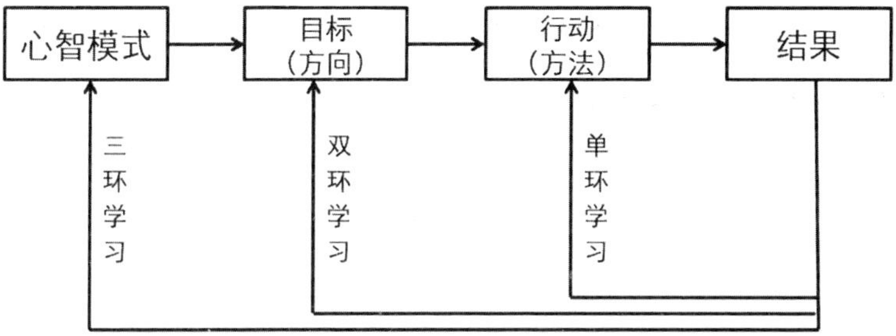

图 2-4 三环学习

来源：本书作者。

我们的行动会带来结果。我们可以对结果有三种反思：

- 单环学习反思的是：如何改变我们的行动（方法）？
- 双环学习反思的是：我们的目标和方向是不是需要改变？
- 三环学习反思的则是：什么心智模式让我们设定了这样的目标和方向，以及选择了这样的行动和方法？我们是否需要改变我们的心智模式？

显然，问题可能出在不同的层面。如果是心智模式层面的问题，前两个层面的反思无法彻底解决。

我们学习管理的目的是改变思想，这要求我们在心智模式上做出改变。我们要学习更清晰、更丰富、更深刻、更合理、更有效的心智模式。

显然，**改变自己要模式化改变，而非碎片化改变。**模式化改变当然往往也在碎片化改变的基础上达成；但是，许多碎片化改变最终并不导致模式化改变。

现在，我提出**刘澜管理学习第三法则：你是你最大的问题；你也是你最大的答案。**

图 2-4 告诉我们，你的心智模式决定了你的目标和行动。因此，你在目标和行动上的问题是你的心智模式的问题。因此，你（更准确地说，你的心智模式）是你最大的问题。

同时，你也是你最大的答案。这句话有两个要点：

- 其一，最大的答案就是改变你的心智模式。没有卓有成效的心智模式，就没有卓有成效的管理者。
- 其二，改变的过程也主要靠你自己。如果你不想改变，如果你不坚持“刻意练习”，没有人能够改变你。

刻意练习

三环学习的三环，分别对应着三个层次的改变：改变具体的行为，改变努力的方向，改变心智模式。值得指出的是，后两个层次的改变，最终也要体现在改变具体的行为上。

如何改变自己的行为和心智模式？你需要刻意练习。

刻意练习的特点

有一个广为流传的“一万小时定律”：在任何领域成为专

家，都需要一万小时的练习。这是根据心理学家艾利克森①的研究成果提出来的。艾利克森本人并不认同这个定律，因为一万小时这个时间并不准确，各行各业也不相同。

艾利克森强调的是“刻意练习”。成为专家的关键不在于练习时间，而在于刻意练习的时间。

刻意练习是：

- 有目的、有具体目标的练习；
- 专注的练习；
- 有反馈的练习；
- 有一定挑战、走出舒适区的练习

比如说，你从小到大花了很多时间跟人交谈，但是你并没有成为交谈专家，因为你的练习不是刻意练习。

如果刻意练习交谈，你会有目标：这次交谈我要练习哪一种技巧？你会专注地练习这一技巧。然后，你会自己观察反馈或者由他人提供反馈。你需要走出自己的舒适区进行练习，比如练习如何征求他人对自己的意见。

刻意练习就是第一章提到过的修“行”——追求该活动的内在卓越性。

导师的作用

刻意练习往往需要一个导师。第一章讨论过选择老师的标

① Anders Ericcson（1947— ）。关于刻意练习，可见艾利克森、普尔（2016），《刻意练习：如何从新手到大师》，王正林译，机械工业出版社。

准。导师和老师不同。老师是你所学习的人，导师是教你的人。

老师往往在高处，在远方，你通过听课或者读书跟随老师学习。导师往往在身旁，近距离地指导你学习。导师可以是专职的咨询顾问，公司中更加资深的管理者，或者你信任的朋友。

老师和导师都不能代替你改变。但是他们可以帮助你改变。如果在老师和导师中只能选一个，导师往往更重要。

选择导师有四个标准，跟刻意练习的四个特点一一对应。这也是导师的四个作用。

标准一：方向

第一个标准是他知道教你什么，也就是指引你前进的方向。这里其实有两个要点：

- 他要知道“什么”，在管理上有知识和经验。
- 他要知道教“你”什么，了解你的需求。

所以，导师不一定很牛，其实都不需要比你牛，比如刘翔的教练就跑不过刘翔。他的作用在于发现你需要什么，然后教给你。我们还可以推导出：在不同阶段，你可能需要不同的导师。

标准二：方法

第二个标准是他知道怎么教你。他不但知道教你的方向，还需要有教你的方法。这是老师和导师的一个不同之处。

最优秀的教练往往不是最优秀的运动员，正如德鲁克所发现的，“所有大画家几乎都是名不见经传的平庸画家教出来的。”① 优秀的导师能够创造更有效的方法（艾利克森称之为“心理表征”）来教你。

标准三：反馈

第三个标准是他能够提供及时的反馈。老师和导师的根本区别在于这一点。

导师的第一个标准是方向，每个老师都要有。导师的第二个标准是方法，许多老师也有。但是，只有导师可以告诉你做得怎么样。因此，老师可以在远方，导师需要在身旁。

标准四：挑战

第四个标准是他能够推动你走出舒适区。这里指的不是制定走出舒适区的目标，那属于第一个标准，而是真正推动你走出去的情感力量。

绝大多数进步都要求走出舒适区，也就是说，来自痛苦。绝大多数进步都要求先要承认自己的不足，也就是说，牺牲一定的自尊。你必须信任导师，相信经历的痛苦必有回报；你必须信任导师，愿意暴露自己的不足。

导师需要能够挑战你，而你需要能够接受其挑战。第四个标准与其说是要求导师具备可信度，不如说是要求你具备信任

---

① 德鲁克（2009），《旁观者：管理大师德鲁克回忆录（珍藏版）》，廖月娟译，机械工业出版社，第 73 页。

的勇气和能力。

刻意练习的四个特点以及选择导师的四个标准，刻意供企业在组织培训以及推行内部导师制时参考。

刻意练习思想的贡献

你有没有发现，刻意练习的过程也大致符合法约尔的管理五要素模型呢？

与法约尔管理五要素模型比较

如果我们的心智模型之中已经有了法约尔的管理五要素，再学习刻意练习这个新模型就不是那么难了。我们只需要注意它和管理五要素的区别就可以了：

- 设定目标就是计划，而且是设定有挑战的目标（即走出舒适区）；
- 因为刻意练习主要是个人行为，所以用专注练习代替组织、指挥和协调；
- 控制在这里有两个内容：得到反馈，根据反馈改变行为。

与 PDCA 循环比较

如果你学习过 PDCA 循环（也叫戴明循环或戴明圈），你会发现刻意练习的过程与 PDCA 循环也大同小异。PDCA 循环是质量管理大师戴明①提出的改进流程、提升质量的四个步骤：

① W. Edwards Deming (1900—1993).

- 计划（Plan）
- 执行（Do）
- 检查（Check）
- 改进（Act）

当然，我们也可以说 PDCA 循环也只是法约尔管理五要素的一个变形。

“大同”中的“小异”

尽管刻意练习与 PDCA 循环以及法约尔管理五要素大同小异，但是其价值就在于其“小异”于其他模型的地方，即强调走出舒适区的目标和强调反馈这两点。如果对其他模型不了解，你会难以发现刻意练习这个思想的真正贡献。

戴明后来把 PDCA 循环变成了 PDSA 循环，把其中的检查（Check）改为了研究（Study）。研究比检查更加深入，实际上更像是我提出的三环学习模型了。三环学习与 PDSA 的“小异”在于对研究这一步骤的具体化，这是三环学习模型的贡献。

许多模型都大同小异。“大同”的部分是模式的体现。了解“大同”会更容易记忆其“小异”，更能够发现其“小异”的价值所在；当然，也可能是让你发现其“小异”之处没有多大价值。这就是模式化学习的力量。

本书的作用

本书的目的是要改变你大脑中关于管理的心智模式。

本书一共四讲，学习心智、问题心智、关系心智、要事心智，分别是关于如何学习管理、如何思考管理问题、如何管理关系和要事的心智模式。

每一讲包括两章，主要由一系列相互关联的思想组成。第一讲就是以管理学习为主题的一系列相互关联的思想。

你通过学习这些思想，有可能就某一主题，建立起更清晰、更丰富、更深刻、更合理、更有效的心智模式。

你读这本书应该略感挑战——这是我期待的感觉，也是你该有的感觉。这说明你在走出舒适区。但是，本书只能起到老师的作用，真正走出舒适区还需要一个导师。

学习管理、改变心智模式也需要刻意练习。① 你可以考虑找一个同事或者朋友，两个人共同学习此书，互为导师，共同刻意练习。

你也可以自己设定练习目标，专注地练习，寻求反馈，并根据反馈改变行为。也就是说，你可以做自己的导师——你是你自己的答案。

---

① 在《刻意练习：如何从新手到大师》一书中，管理被列入比较难以运用刻意练习的领域，因为不像音乐、体育等领域，其绩效没有客观标准。不过我认为刻意练习的理念是可以在管理中运用的，而且《刻意练习：如何从新手到大师》一书中也举到了管理顾问图若克（Art Turock）在企业中运用刻意练习的案例。

第二章要点

1. 模型的定义。
2. 好模型的特征。
3. 时间管理矩阵及其最重要的结论。
4. 模式的两个特点及学模式的意义。
5. 法约尔所说企业的六种职能。
6. 法约尔的管理五要素模型。
7. 管理的四大职能。
8. 古利克的 POSDCORB 模型。
9. 德鲁克谈管理者的工作。
10. 马利克谈管理的五大任务。
11. 联想的管理三要素。
12. 刘澜管理学习第二法则。
13. 碎片化学习及危害。
14. 成功企业悖论。
15. 卡尼曼成功方程式。
16. 霍夫斯泰德四种基本管理模式。
17. 两种模式化学习。
18. 系统的定义和构成要件。
19. 系统的概念及其基本要点。
20. 艾柯夫的四种系统模型及组织系统的特殊性。

21. 心智模式的重要性。
22. 学习型组织的五项修炼。
23. 固定心智与成长心智的对比。
24. 三环学习模型。
25. 刘澜管理学习第三法则。
26. 刻意练习的特点。
27. 导师的四个标准。
28. 刻意练习思想的价值所在。
29. 戴明的 PDCA 循环与 PDSA 循环。
30. 如何学习本书。

第二讲

问题心智

第三章　管理问题的标准答案

学习管理的目的是学习怎么思考，更具体地说，就是学习怎么思考管理问题。

管理问题有两种：

- 一种是某个管理者某天面临的“个性问题”：遇到这个问题，我该怎么办？
- 另一种是管理者都可能遇到的“共性问题”：遇到这种问题，一般怎么办？

我在讲课的时候，有时会有经理人在课间或者课后来问我个性问题。问老师这样的问题是错的。回答个性问题不是老师的任务，是咨询顾问或者导师或者你上司的任务，更准确地说，是你自己的任务。

老师的任务是回答管理的共性问题。更准确地说，**老师的任务是启发你思考管理的共性问题。**

管理中有一些重要的共性问题，这一章讨论其中三个：

- 管理者需要具备哪些能力?
- 一个管理者应该管理几个下属?
- 管理者管理什么?

刘澜管理问题第一法则

第一个问题：管理者需要具备哪些能力?

这个问题非常重要。为了培养自己，你需要知道答案。为了招聘、培养下属，你也需要知道答案。

你的答案是什么?

- 沟通?
- 用人?
- 执行力?
- 决策?
- 战略思考?
- ……

这些回答都有道理，但是都错了。我现在提出**刘澜管理问题第一法则：所有的管理问题都只有一个标准答案——看情况。**

这个法则跟刘澜管理学习第一法则相关。我们复习一下**刘澜管理学习第一法则：管理只有参考答案，没有标准答案。**

因为管理没有标准答案，所以你对任何问题的回答，都只是一个参考答案。为了让你的参考答案更“准确”，能够适用多种情境，你需要分情境来回答。所以你说：看情况。

但是，说出看情况只是第一步，真正的考验在于第二步：你要能够具体说看哪些情况。

管理者三大能力模型

关于管理者需要具备哪些能力这个问题，如果要具体说看哪些情况，我们需要先学习一个经典的参考答案。

卡茨模型

管理学者卡茨①在 1955 年提出的管理者三大能力模型，已经成为一个经典模型，绝大多数关于管理和领导力的教科书都会讲到。

三大能力

卡茨提出，一个卓有成效的管理者，需要具备三种可以培养的能力：

- 技术能力：从事某种专业活动所需要的知识和能力；
- 人际能力：作为团队成员工作及作为团队领导者建立协同努力的能力；
- 概念能力：能够从企业的整体上思考、能够看到各个要素之间关系的能力。

---

① Robert Katz（1926—　）.

换一种方式表达，技术能力是从事技术活动的能力；人际能力是理解并激励个人与团体的能力；概念能力是协调和整合组织的所有活动和利益，使之朝着一个共同的目标努力的能力。①

可以发现，人际能力大致等于后人所说的情商，概念能力则大致等于第二章所说的系统思考的能力。

三大能力的相对重要性

这个模型的精髓在于卡茨提出的三种能力的相对重要性：

- 对于基层管理者来说，技术能力非常重要；
- 人际能力尽管一直都很重要，但是对于基层管理者来说也相对更为重要一些；②
- 对于高层管理者来说，概念能力非常重要。

卡茨没有为这个模型画图。后人为这个模型画了各种各样的图，在我看来最好的图示如图 3-1。

图 3-1 告诉我们，管理者需要具备概念能力、人际能力和技术能力。在不同的层级，三种能力的比重（重要性）不同。随着职位上升，技术能力的比重在下降，变得越来越不重要；概念能力的比重在上升，变得越来越重要。人际能力则一直都很重要。

---

① Katz, R. (1974). Skills of an Effective Administrator. *Harvard Business Review*, September-October.

② 某本教科书认为人际能力的重要性随着职位上升也略有增加，这违背了卡茨的原意。

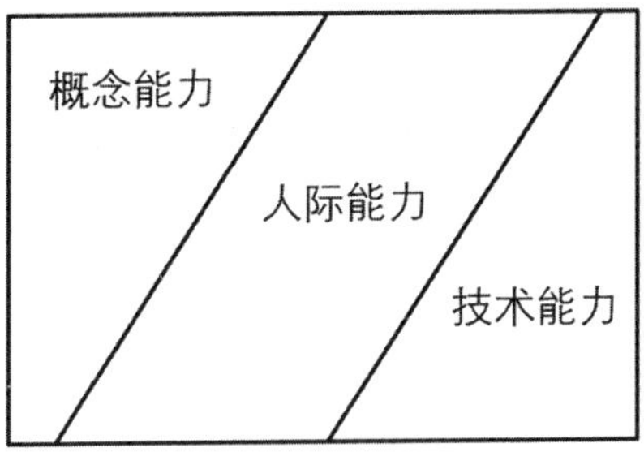

图 3-1　管理者三大能力模型

来源：本书作者改编自卡茨（1974）。

顺便说一下，卡茨模型是维克的理论之钟上 10 点钟方位的理论，兼具简单性和一般性，但是也牺牲了一定的准确性——比如对于小公司的 CEO 来说，技术能力依然是很重要的。

三大能力模型的重要性

技术能力是跟事物打交道的能力，人际能力是跟人打交道的能力，概念能力可以认为是跟思想打交道的能力。思想中最重要的因素是组织的整体目标。事物、人、思想，管理者就是跟这三要素打交道，这也是管理者要运用的三种资源。

卡茨模型具有很强的规律性和框架性。对管理者或者领导者能力的其他种种说法，基本上都可以用这个模型作为框架来理解。

比如，被德鲁克誉为“管理的先知”的福列特①曾说：

① Mary Parker Follet（1868—1933）.

> 最杰出的领导者能够看到未实现的全景。他观察到源于目前情况但尚未发生的事物。事实上，这种洞察力也就是远见，是领导的关键所在，这并不是说只有总裁需要这种远见，它对领班和部门主管而言也是必需的，唯一的区别在于他们所需的远见的辐射范围略窄些。但是不管是多小的群体，其领导者都应该铭记，每一个群体的活动必须符合不断变化中的整体，否则会造成灾难性后果。①

这段话说的就是：随着职位的上升，概念能力越来越重要。

又比如，德鲁克说管理者有两项特殊任务。这两项任务只有管理者才有，而且有了这两项任务就是管理者。这两项任务是：

- 创造大于各部分总和的整体
- 平衡长远要求和当前要求②

如果熟悉卡茨的管理者三大能力模型，我们就会发现德鲁克这里强调的是概念能力。概念能力就是系统思考，就是看到大局、看到长期而且能够平衡其中各种冲突的能力。

管理的三种结果

我再举一个例子来说明卡茨模型的重要性。

---

① 福列特（2013），《福列特论管理（珍藏版）》，吴晓波等编译，机械工业出版社，第122页。

② 德鲁克（2009），《管理的实践（中英文双语珍藏版）》，齐若兰译，机械工业出版社，第562—563页。

第二章讲到了马利克说组织有两类结果。一般说来，两分法的模型会有过于简单的缺点。用三个维度来建立模型会更准确一些，当然也会更复杂一些。

德鲁克说，组织有三类结果——“每一家组织需要三个主要方面的绩效：直接结果；价值观的建立和确认；为未来培养人才。”①

德鲁克的这三类结果可以直接用卡茨模型来对应：

- 直接结果对应技术能力（事物的结果）；
- 价值观建立对应概念能力（思想的结果）；
- 人才培养对应人际能力（人的结果）。

卡茨模型是一个可以举一反三的模式。

任正非的三句话

我再举一个中国的例子来说明卡茨模型的重要性。

一个 MBA 学生分享了华为公司领导人任正非的三句话，说很有启发。这三句话是：我们要砍掉基层的脑袋，中层的屁股，高层的手脚。我说，这三句话不是什么原创的思想，就是卡茨模型。

这三句话可以这样解释：高层要动脑，多想方向和大局，不要被具体事务束缚。基层要动手，好好干活，别整天胡思乱

① 德鲁克（2005），《卓有成效的管理者》（中英文双语典藏版），许是祥译，机械工业出版社，第 183 页。

想。中层呢别老是坐着瞎指挥，要起来多走动，多跟基层员工交流——这种管理方法在西方叫走动式管理。

任正非说的无非是卡茨早就说过的。动脑对应概念能力，动手对应技术能力，这都非常明确。起来多走动当然要求人际能力，这个对应不像前两个那么直接，但也说得通。

这里我还想复习一下**刘澜管理学习第二法则：学习模式，而非碎片。**

怎么学任正非这三句话？要学的不是这三句话本身，而是这三句话背后的模式，就是卡茨模型。你直接学任正非有可能学错，因为任正非说的可能只适用于华为。

看哪些情况

现在可以“看情况”地回答“管理者需要具备哪些能力”这个问题了。

共性问题的回答

你首先回答——看情况。然后，你具体说看哪些情况：如果是基层管理者，需要有技术能力和人际能力；如果是高层管理者，需要具备一些技术能力，比较多的人际能力和非常强的概念能力。

你还可以接着回答：这要看企业大小的情况。对于小企业的高层管理者来说，技术能力也很重要。

对于“管理者需要具备哪些能力”这个共性问题，以上回答已经是不错的参考答案。

个性问题的回答

如果一个管理者问你“管理者需要具备哪些能力”，他问的不一定是共性问题。

他真正想问的有可能是个性问题：在我这个职位上，管理者需要具备哪些能力？或者，在我下属的职位上，管理者需要具备哪些能力？

这时你需要拿出一张纸，跟他一起讨论：

- 这个职位要求哪些技术能力？
- 这个职位要求哪些人际能力？
- 这个职位要求哪些概念能力？

在这三个维度下面，分别列出 3—10 条能力。越基层的职位，技术能力的条目应该越多；越高层的职位，概念能力的条目应该越多。

现在请做这样一个练习——拿一张纸写下来：在你现在的职位上，管理者需要具备哪些能力？

史上最短的管理案例

我们运用卡茨模型来分析一个管理案例：三个石匠的故事。据我所知，德鲁克是第一个把它用作管理案例的。

这也是史上最短的管理案例：

有人问三个石匠在做什么。第一个石匠说："我在谋生。"第二个石匠一边打石头一边说："我在做全国最好的雕石工作。"第三个石匠抬起头，带着憧憬的目光回答说："我在建造一座大教堂。"①

并不显而易见的答案

马利克说："这三个人哪一个是最好的管理者？当然，这是一个带有比喻意义的问题，对于任何一个熟悉组织运行方式，并有过切身经历的人来说，其答案显而易见。"②

我很怀疑马利克是否真正在课堂上跟学生们讨论过这个案例。我在北京大学汇丰商学院跟学生们多次讨论这个案例。他们基本上都是企业里在职的中层管理者，而答案对他们来说并不显而易见。

许多学员觉得第二个石匠很好，具有所谓的工匠精神；而第三个石匠令人担心，因为他不是专心做好自己的本职工作，而是好高骛远。

大师的参考答案

令他们惊讶的是，德鲁克和马利克的答案与此相反：第二个石匠最令人担心，第三个石匠才是最好的管理者。

---

① 德鲁克（2007），《管理：使命、责任、实务（实务篇）（中英文双语典藏版）》，王永贵译，机械工业出版社，第 56 页。

② 马利克（2009），《管理成就生活》，李亚等译，机械工业出版社，第 52 页。

第二个石匠

德鲁克这样说第二个石匠：

> 存在问题的是第二个石匠。技艺是极为重要的。事实上，如果一个组织不要求其成员贡献出尽可能高的技艺，该组织就可能会士气不振。但始终会存在这样一种危险：一个有真本事的工人或专业人员在修琢石块或聚集了很多下脚料时，认为这本身就是成就了。在企业中，应该鼓励人员发挥技艺，但技艺始终应该同整体的需要相联系。①

总结一下：第二个石匠的问题在于他不关注组织整体的需要，因此并不一定真正做出了成果。

马利克的观点与此类似：第二个石匠属于专家型，而这正是他的问题所在。他对自己的专业充满激情，但是对其他事情漠不关心。马利克说：

> 如果他们仅仅是专家，那是没有用的，实际上那样的人更危险。相反，能为整体做贡献的专家才是现代社会最重要的资源。②

第二章讲过，对系统中部分的优化不一定对整体有好处。第二个石匠就像是一辆现代车的发动机，它立志要做世界上最

---

① 德鲁克（2007），《管理：使命、责任、实务（实务篇）（中英文双语典藏版）》，王永贵译，机械工业出版社，第56页。

② 马利克（2009），《管理成就生活》，李亚等译，机械工业出版社，第55页。

好的发动机。可是如果它做到了，这辆车很可能根本发动不了。它应该问自己：组织要求我做怎样的发动机？

第三个石匠

德鲁克和马利克都认为，第三个石匠才是真正的管理者。

第三个石匠当然也能够做全国最好的石匠活，但还不仅如此，他知道组织期待的最终成果是什么。因此他的专注点不是自己的个人成果，而是如何让自己的个人成果为组织成果做贡献。

如果能用卡茨的管理者三大能力模型来分析，答案可能就显而易见了：第二个石匠有技术能力，或者说有对技术能力的热情。但是，只有第三个石匠有概念能力，只有他有从整体看待事物的视角。因此，只有他才是以管理者的眼光来看问题。

福列特也会欣赏第三个石匠，我们在本章刚刚引用了她的话："最杰出的领导者能够看到未实现的全景。"

第一个石匠

第一个石匠也值得说一说。马利克认为，最令人担心的是第二个石匠，而不是第一个石匠。像第一个石匠这种人到处都有，永远都有，我们也永远需要他们。马利克说：

> 有人根据下面这个座右铭谋生：我努力工作是为了得到高工资，多给钱就多做，少给钱就少做。这种人很少出

现什么问题，因为一旦我们理解了他们在想什么，就很容易管理他们。我们不应当试着去改变他们，除非他们还很年轻。①

你的座右铭与此类似吗？如果是，而且如果你还年轻，你应该试着改变自己。

三个石匠的模型

我建立了一个模型，从两个维度来区分三个石匠，如图3-2。

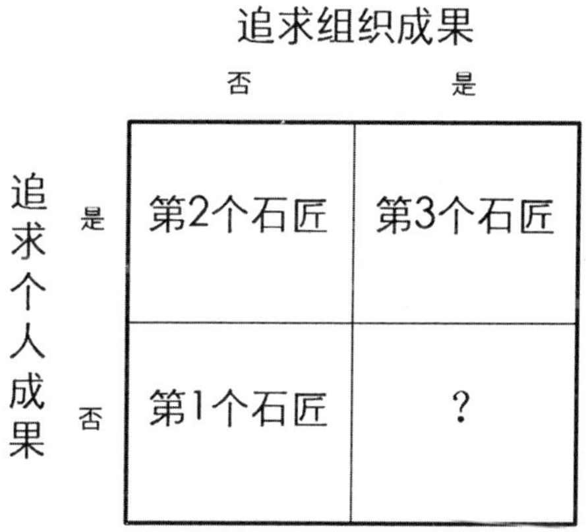

图 3-2　三个石匠

来源：本书作者。

① 马利克（2009），《管理成就生活》，李亚等译，机械工业出版社，第 54 页。

模型中的三个石匠

第一个石匠既无心追求个人成果，也无心追求组织成果。如果让他做简单重复性工作，以制度和流程来约束他，以物质来激励他，他也是可以完成工作的。

但是，如果需要完成的工作是创造性的工作，是需要个人发挥主观能动性的工作，那么第一个石匠干不好。

第二个石匠无心追求组织成果，专心追求个人成果。如果他的个人成果与组织成果恰好合拍，或者如果组织就是需要他单独发挥作用，他也能干得不错。

但是，如果他的工作只是流程的一部分，他的工作需要跟别人的工作结合起来才能创造组织成果，那么第二个石匠会是问题。

第三个石匠既专注于组织成果，又在为组织做贡献的前提下专注于个人成果。第三个石匠是最好的石匠，他是第五章将要讲到的有责任的管理者。组织也应该培养他成为有职位的管理者。

第四个石匠？

一个有趣的问题是：有没有第四个石匠呢？有没有这样的石匠，他只专注于组织成果，但是无心追求个人成果？

我的回答是没有。如果他专注于组织成果，他就会顺理成章地问自己：我怎么为组织成果做贡献？他就会专注于个人成果。

如何改变第一个石匠

马利克说，除非第一个石匠还年轻，否则不要去尝试改变他。但是如果我们尝试去改变他呢？

图3-2也告诉我们，直接把第一个石匠变成第三个石匠是困难的。这样的转变要求同时在两个维度上改变，要求第一个石匠进行对角线上的移动。

也许可以尝试循序渐进地改变第一个石匠。首先可以告诉他：如果你变成第二个石匠，你可以更好地谋生。先让他改变一个维度，向上直线移动到第二个石匠。然后再引导他改变另一个维度，向右进行第二次直线移动，成为第三个石匠。

管理的幅度

现在，我们来考察另一个管理研究史上的经典问题：一个管理者可以管理多少个下属？或者说，一个管理者的直接下属的最佳数目是多少？

这个问题被称为管理的幅度，也翻译为管理的跨度，也被称为控制的幅度、监督的幅度或者权威的幅度。

有学者说："管理的幅度也许是古典、新古典或者现代管理理论中被讨论最多的单一概念。"① 尽管说的是"也许是"，不那么绝对，但既然存在这个可能性，就说明了这个问题很重要。

① Van Fleet, D. D., & Bedeian, A. G. (1977). A History of the Span of Management. *Academy of Management Review*. 2 (3): 356-372.

你准备怎么回答这个问题？

军队的回答

军队最早回答了这个问题。古罗马、古埃及的军队，大体是以 10 为单位来组织，也就留下来十夫长、百夫长这样的名称。

不过对这个问题的明确讨论，应该是从 19 世纪初的欧洲军队开始的。

拿破仑与克劳塞维茨

著名的法国军事家、政治家拿破仑①对这个问题的回答是 5 人："在同一战场上，没有人可以指挥超过 5 个不同的实体。"②

与拿破仑打过仗的普鲁士将军、著名军事理论家克劳塞维茨③的回答是 10 人："简单地说，一个人只能直接指挥有限的数目。如果超过 10 个部分，传达命令所需要的速度和准确就会遇到困难。"④

拿破仑和克劳塞维茨的参考答案都不算很好，因为他们都假设有一个放之四海而皆准的标准答案。而根据刘澜管理问题第一法则，这个问题只有一个标准答案，就是看情况。

---

① Napoléon Bonaparte（1769—1821）.

② 转引自 Van Fleet，D. D.，& Bedeian，A. G.（1977）. A History of the Span of Management. *Academy of Management Review*. 2（3）：356-372.

③ Karl Philip Gottfried von Clausewitz（1780—1831）.

④ 转引自 Van Fleet，D. D.，& Bedeian，A. G.（1977）. A History of the Span of Management. *Academy of Management Review*. 2（3）：356-372.

进一步的回答应该是看哪些情况。

汉密尔顿

晚于拿破仑的英国名将汉密尔顿①是这么回答的："至于(由下属组成的）群体是3人、4人、5人还是6人为好，记住这样一条原则是有用的：群体成员的职责越小，则群体成员的数量可以更多一些，反之亦然……我们越是接近整个组织的最高领导者，则越倾向于由6人组成的团体。"②

汉密尔顿的回答是6人，但是他比拿破仑和克劳塞维茨高明的地方，在于他说了要看情况：职责越小，数目可以越多。6是一把手直接管理的下属数字，基层管理者管理的下属可以多一些。

管理学者的回答

在工业革命带来了大型商业组织之后，商业管理研究者也开始思考这个问题了。

法约尔

法约尔说："不管其权威层级如何，一个人只能直接指挥有限的下属，一般不超过6个。只有……工头或者与他相似的职

---

① Sir Ian Hamilton（1853—1947）.

② 转引自雷恩（2009），《管理思想史（第五版）》，孙健敏等译，中国人民大学出版社，第402页。

位……在工作比较简单的情况下，可以直接指挥 20 或者 30 个人。”①

我们可以看到，法约尔跟汉密尔顿很像，回答是 6 人。法约尔也看情况，而且看到的情况也差不多：基层管理者管理的下属可以更多，因为工作更简单。这跟汉密尔顿说的职责更小很相似。

厄威克

在法约尔之后，英国管理学者厄威克②的回答是 5—6 人。厄威克说：“没有上级可以直接监督超过 5 个——最多 6 个——其工作互相关联的下属的工作。”③

这个回答似乎有些退步，因为没有看情况。不过，厄威克提到的“工作互相关联”其实是非常重要的情况，只是没有展开来讲。

格鲁夫

我们再来看一个当代人的回答。格鲁夫④是英特尔公司创始人之一，他被认为是非常罕见的企业家中的思想家。

格鲁夫说：“如果负责‘带人’是这个经理人的主要任务，

---

① 转引自 Van Fleet, D. D., & Bedeian, A. G. (1977). A History of the Span of Management. *Academy of Management Review*. 2 (3): 356-372.

② Lyndall Urwick (1891—1983).

③ Urwick, L. F. (1974). V. A. Graicunas and the Span of Control. *Academy of Management Journal*. 17 (2): 349-354.

④ Andy Grove (1936—2016).

那么他大约应有6—8个部属。这个数字是得自以经理人大约在一星期内需要花半天时间在一个部属身上为条件计算的。”①

格鲁夫所说的“带人”的经理人，就是我们通常所说的有下属的经理人。格鲁夫认为组织中的专家也许没有直接下属，但也算是经理人。格鲁夫认为，这些专家服务的内部客户也应该遵从这个“6—8个部属”的原则。

这个回答的优点在于其计算依据很有道理，强调一对一沟通的重要性。这个回答的缺点在于，格鲁夫其实没有看情况。

实证研究的结果

前面说的都是“应该”有多少下属，实际情况是怎样的呢？

一项研究调查了141家公司，发现CEO的直接下属在1—24人，大公司的平均数为8—9人，中型公司为6—7人。另一项研究调查了97家公司，根据公司的技术类型分类，发现CEO的直接下属平均为4—10人，一线管理者的直接下属为15—23人。②

这基本验证了汉密尔顿和法约尔的说法：基层管理者可以有更多的直接下属，一把手的直接下属则更少。

看哪些情况

我们似乎得出这样一个结论：一个管理者应该管理几个下

---

① 格鲁夫（2007），《格鲁夫给经理人的第一课》，巫宗融译，中信出版社，第54页。

② Van Fleet, D. D., & Bedeian, A. G. (1977). A History of the Span of Management. *Academy of Management Review*. 2 (3): 356-372.

属，最重要的情况是这个管理者的层级。

但是如果再动脑筋想一想，就会想出更多的情况来。

比如，我们要看下属的地理分布的情况。这在今天比在过去更加重要。如果下属在地理上越集中，管理的幅度可以越大。

我们还要看下属的能力与个性的情况。下属的能力越强，自主性越强，管理的幅度可以越大。

显然，我们还可以看上级的能力、上级的角色（对下属的增加值有多大）、下级任务的相似性、上级的工作量、对上级工作方式的规定、可以利用的沟通技术等多种情况。

情况太多，有些看不过来，那么要看最主要的情况。最主要的情况是否是层级高低呢？也不是。

回答这个问题，单单从刘澜管理问题第一法则着手还不够。

刘澜管理问题第二法则

我们听到一个问题，本能的反应就是去回答它。实际上我们听到一个问题之后，往往需要先想：这个问题是否问错了？

我现在提出**刘澜管理问题第二法则：很多管理问题都问错了问题**。也可以说，这是对很多管理问题的另一个标准答案：你这个问题问错了！

问错了的问题，把我们的注意力引向错误的焦点，把我们的行动指向错误的方向。如果你直接回答那个问题，不管你怎么回答，都是错误的答案，都指向错误的焦点和方向。

问错问题就好像你面对一个数学应用题列错了方程式。如果方程式是错的，正确的计算也不可能得出正确的答案。

德鲁克说：“**管理决策中最常见的错误来源，就是强调发现正确的答案而非正确的问题。**”①

错误的个性问题

经理人提出来的很多个性问题，往往都问错了问题。我举两个例子。

例一：团队精神

第一个例子是一个培训师讲给我听的。

某公司总经理给她打电话，问她可不可以给他公司的销售部门做一个关于团队精神的培训。

她问：为什么要培训团队精神？

他说：我们的销售部门太缺乏团队精神了。市场部门搞活动，需要销售部门配合，可是销售部门不愿意配合。

她问：在销售部门的薪酬方案中，有没有配合市场部门搞活动的要求？

他说没有。

她说：你们真正要做的事情不是做团队精神的培训，而是重新制定销售部门的薪酬方案，把配合市场部门搞活动加进去。

在这个例子中，某公司总经理问的问题相当于是：我怎么

① 德鲁克（2009），《管理的实践（中英文双语珍藏版）》，齐若兰译，机械工业出版社，第570页。

通过培训来提升销售部门的团队精神？或者更广泛一些，我怎么提升销售部门的团队精神？根据上面这段对话，这个问题很可能是问错了问题。

例二：执行力

第二个例子是我的亲身经历。

某公司老总问我：你可不可以给我的团队培训一下执行力？

我问：为什么要培训执行力？

他说：我的团队执行力都太差了，好多事都推不动。

我说：如果是一个人两个人执行力差，是这一两个人的问题。如果你觉得整个团队都执行力差，那就不是团队的执行力有问题了，而是你的领导力有问题。

很多公司希望解决一个问题：怎么提升团队的执行力？在绝大多数情况下，这很可能是问错了问题。

错误的共性问题

管理学者研究的一般是共性问题。共性问题也可能问错问题。

领导者的特质问题

比如，管理学者一直很重视研究优秀管理者或者领导者的特质问题：伟大的领导者具有哪些共同特质？

这个问题暗含着另外两个问题：

- 如果这些特质是天生的，我们如何把具有这些特质的人找出来？
- 如果这些特质不是天生的，我们如何把这些特质培养出来？

对特质问题的研究形成了领导力研究中的特质学派。这个学派盛行于二十世纪上半叶，在学术界一直没有消亡。有趣的是，这个问题在经理人中可能比在学者中还更受关注，许多经理人喜欢讨论这个问题。

马利克的批评

我很喜欢马利克对这个问题的批评。

马利克说：这个问题问的是“谁是理想的管理者”，问题问错了，应该问“谁是高效能的管理者”。两者的差别在于，前者从天才出发，后者从普通人出发。后者才是正确的问题，因为这个世界主要是由普通人组成的。

马利克认为管理的基本问题不应当是“如何让天才做出惊人的业绩”，因为天才做出惊人业绩是理所应当的。管理的基本问题应该是“如何让普通人做出不普通的业绩”。①

从领导力的角度看，“谁是理想的管理者”问的是“谁应当领导我们”。马利克认为这也是个错误的问题。正确的问题是：我们应该如何进行组织，以保证即使平庸无能的领导人也不会

---

① 马利克（2009），《管理成就生活》，李亚等译，机械工业出版社，第 4 页。

让我们蒙受很大损失？我们又应该如何以尽可能简便易行的方式，将这些领导人从我们的队伍中剔除出去？①

正确问题也可能不止一个

我们可以发现，相对于正确问题的错误问题可以很多。面对一个数学应用题，错误的方程式可以无限多。这个比较容易理解。

更为微妙的是，相对于错误问题的正确问题也很可能不止一个。管理问题不是数学应用题，没有唯一正确的方程式。我们可以再复习一下刘澜管理学习第一法则：管理没有标准答案，只有参考答案。

比如，相对于“谁是理想的管理者”这个错误问题，正确的问题既有“谁是高效的管理者”，还有“我们如何组织以承受平庸乃至糟糕的管理者”。

错误的共性问题的危害

我们可以发现：和个性问题的情形一样，错误的共性问题把我们的注意力引向错误的焦点，把我们的行动指向错误的方向。

和个性问题的情形不一样的是：错误的个性问题只危害一个人、一个企业，错误的共性问题则危害一批人，甚至一个乃至数个时代的人。

---

① 马利克（2009），《管理成就生活》，李亚等译，机械工业出版社，第22页。

管理的幅度是个错误的共性问题，在管理思想史上危害了很久。这个问题本身是错的，所以不管你怎么回答，你都不可能答对。

那么正确的问题该是什么？

管理者管理什么

管理的幅度问的是：一个管理者应该管理多少个下属？这个问题自带两个假设：

- 一个假设是管理者只是向下管理，至少假设向下是管理者最重要的管理方向；
- 另一个假设是管理的对象是人。

这两个假设其实是两个误导，而且是危害很大的误导。这个问题讨论了很多年，大家都在努力回答这个问题。回答者都在被这个问题误导，又用自己的回答接着误导他人。

直到德鲁克站了出来，说这个问题问错了。德鲁克说，正确的问题是管理关系的幅度。① 即使在德鲁克站出来之后，也还有许多人（包括德鲁克的粉丝格鲁夫）还是在继续回答这个问题。

现在我接着站出来，说这个问题问错了。不过我要修改一

① 德鲁克（2007），《管理：使命、责任、实务（实务篇）（中英文双语典藏版）》，王永贵译，机械工业出版社，第 40 页。

下德鲁克的说法。正确的问题不是管理关系的幅度，而是：管理者管理什么？

管理者不只是管理下属

管理的幅度这个问题的第一个误导就是认为管理者管理下属。这个误导还可以细分为两个层面。

没有下属也可以是管理者

第一个层面的错误就是认为管理者必须要有下属，或者说，有下属的人才是管理者。

与德鲁克一样，马利克反对这种观点：

> 这种观点把那些对组织很重要的人排除在了管理者的范围之外，他们的重要性在于他们对组织有很大贡献，而不在于他们是否有下属。对于那些人数越来越多的专家（几乎全部都是知识工作者）而言，他们有没有下属是次要的。①

马利克认为这样的人包括银行的高级外汇经纪人、跨国公司的税务专家、时装公司中的首席设计师，等等。② 这些人可能没有下属，或者只有一个秘书或者助理，但是他们的工作对组织的成果有重要影响，他们就是管理者。前面提到了，格鲁夫

---

① 马利克（2009），《管理成就生活》，李亚等译，机械工业出版社，第 15 页。

② 马利克（2009），《管理成就生活》，李亚等译，机械工业出版社，第 16 页。

也认为这样的专家是管理者。

管理的五个方向

第二个层面的错误就是认为只有下属才需要管理，或者说，管理只有向下的方向。

一个管理者应该管理多少个下属？试图回答这个问题本身，就让我们把注意力专注到管理下属这个方向上，从而忽略了对于某个具体的管理者而言，管理下属很可能不是最重要的方向。

马利克发现，下属往往不是管理者最头疼的管理对象：

> 我经常会向管理者问这样的问题：对于一个管理者来说，最重要或最困难的问题是什么。这么多年来，只有几个管理者回答对下属的管理是最重要或最困难的——而根据传统观念，这样的回答应该是意料之中的。几乎所有管理者都会回答"我的上司！"或"我上司的上司！"或"我的同事！"①

更全面地说，管理有五个方向：向下管理下属，向上管理上级，平行（横向）管理平级，向内管理自己，向外管理客户、合作伙伴等组织外部的利益相关者（图 3-3）。

这个模型很重要。它告诉我们，**管理不只是向下管理，还包括向上的管理、平行的管理、向外的管理和向内的管理。**

---

① 马利克（2009），《管理成就生活》，李亚等译，机械工业出版社，第 16 页。

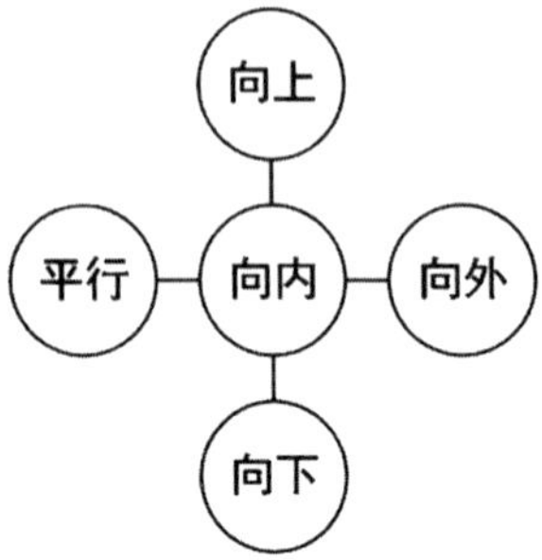

图 3-3　管理的五个方向

来源：本书作者。

它还告诉我们，在一定意义上，组织中的每个人都是管理者。我们即使没有下属，也有平级和上级要管理。而且，每个人都有自己要管理。

两个新的问题

这个模型的重要性，不仅体现在它给出的回答，而在于它提出的问题：这五个方向，哪一个更重要？

如果你已经掌握了刘澜管理问题第一法则，你应该回答看情况。所以，这个问题变成了这样：在不同的情况下，这些方向的重要性有何不同？这是问题一。

这个模型还提出了这样的问题：不跟客户直接打交道的员工，比如人力资源部负责招聘的主管，有没有管理客户这一向外的方向？这是问题二。

注意刘澜管理学习第一法则：管理没有标准答案，只有参考答案。但是，参考答案有好坏之分。从你对这两个问题的参考答案，可以看出你对管理的理解到底有多深刻。

请你试着回答一下上面的问题。

管理者管理关系

管理的幅度对向下管理的关注重点也是错的。这是管理的幅度这个问题的第二个误导：它关注的是能管理多少个人，其实关键在于能够管理多少种关系。

德鲁克说："重要的不是人员的数目，而是相互关系的数目。"① 德鲁克说得还不够准确。重要的不是关系的数目，而是关系种类的数目。

一个管理者能够管理多少个下属，答案是看情况，看关系种类有多少。

复杂的关系

关系的种类越多，关系就越复杂，可以管理的下属数目就越少。

德鲁克说：

> 一家公司的总经理要接受许多高层经理人员的报告，而每一位高层经理人员都分别主管一个重要的职能领域。在这种情况下，这位总经理的直接下属应该保持较少的数

---

① 德鲁克（2007），《管理：使命、责任、实务（实务篇）（中英文双语典藏版）》，王永贵译，机械工业出版社，第39页。

量——大概限制在8—12人。[①]

管理者不仅管理自己跟每位直接下属的关系，还要管理直接下属之间的关系。管理者的职位越高，管理关系的种类就越多。

总经理跟他的每位直接下属（销售总监、生产总监、人力资源总监、财务总监等）之间的关系都是不一样的，而每两位直接下属之间的关系（销售总监与生产总监之间、生产总监与财务总监之间等等）也是不同性质的。

假设总经理有8个直接下属，那么他需要管理多少对关系？36！[②] 关键不在于36这个数量，而在于这是36种不同性质的关系。

简单的关系

如果关系的种类很少，即使关系的数量很多，关系也比较简单，可以管理的下属数目就可以比较多。

德鲁克以百货公司西尔斯公司为例：

> 比较而言，西尔斯公司的一位地区副总经理则可以直接管理几百个商店的经理，让他们向他报告工作。而且，事实也的确如此。每一个商店都是独立自主的，两个商店

---

① 德鲁克（2007），《管理：使命、责任、实务（实务篇）（中英文双语典藏版）》，王永贵译，机械工业出版社，第39页。

② 这是个简单的组合问题，(8+1) ×8÷2＝36。

无需彼此联系或相互合作。所有的商店都有着相同的工作和职务，可以使用相同的标准进行评价和衡量。①

这位副总经理有几百个下属，这几百个下属彼此之间并不发生关系，因此这位副总经理只需要管理自己和他们每个人之间的关系。这些关系的数量也很大，有几百对关系，但是，所有这几百对关系都是同质化的，只是“一种”关系。

关键在于关系的种类

为什么汉密尔顿说职责越大则群体越小？实质是职责越大的群体其关系就越复杂。

为什么法约尔说工头在工作比较简单的情况下可以管理20—30个人？实质不在于工作简单，而在于关系简单。

当厄威克说“没有上级可以直接监督超过5个——最多6个——其工作互相关联的下属的工作”的时候，他已经发现了关系的重要性。但是，他还是没有抓住问题的关键。

工作互相关联的下属只是说他们之间要发生关系，但是他们之间的关系是同一种关系还是不同种类的关系，这才是问题的关键。

与厄威克同时代的格莱库纳斯②为厄威克提供了一个数学的

---

① 德鲁克（2007），《管理：使命、责任、实务（实务篇）（中英文双语典藏版）》，王永贵译，机械工业出版社，第39页。

② V. A. Graicunas（1898—1947?）.

证明。[①] 格莱库纳斯不仅考虑了上级与每个下属之间的关系，以及每个下属相互之间的关系，还考虑了下属之间出现子群体的关系。根据格莱库纳斯的公式，当下属为 8 个人时，上级要管理的关系不是 36，而是 1080！[②]

格莱库纳斯的回答貌似精确，其实是个误导。他和厄威克考虑到了管理者要管理下属之间的相互关系以及子群体关系，这是思考管理的幅度的一个进步。但是，关键不在于关系的数量，而在于不同种类的关系的数量，也就是关系的复杂程度。

未完的讨论

管理者管理什么？关系。不仅是向下的关系，还包括向上、向外、平行（横向）以及向内（跟自己）的关系。我们将用整个第三讲（第五章和第六章）继续讨论这个重要的问题。

---

① Urwick, L. F. (1974). V. A. Graicunas and the Span of Control. *Academy of Management Journal*. 17 (2): 349-354.

② 格莱库纳斯公式可参见英文维基百科的 span of control 词条，或雷恩、贝德安（2014），《管理思想史（第六版）》，孙健敏等译，中国人民大学出版社，第 418 页。

第三章要点

1. 两种管理问题。
2. 老师的任务。
3. 刘澜管理问题第一法则。
4. 卡茨的管理者三大能力模型。
5. 德鲁克关于管理者的两项特殊任务。
6. 德鲁克关于组织的三类结果。
7. 三个石匠的故事。
8. 三个石匠的模型。
9. 管理思想史上的经典问题：管理的幅度。
10. 对管理的幅度的各种回答。
11. 刘澜管理问题第二法则。
12. 为什么“谁是理想的管理者”是错误问题？
13. 替代“谁是理想的管理者”的正确问题是什么？
14. 没有下属也可以是管理者。
15. 管理的五个方向。
16. 管理者管理关系。
17. 关系的复杂程度而非数量是关键。

第四章 最重要的管理能力

我们在第三章讨论了管理者需要具备哪些能力。现在接着讨论：管理者需要具备的最重要的能力是什么？

管理者最重要的能力

这个问题没有标准答案，只有参考答案。我下面给出两个参考答案。

参考答案一

我们可以根据卡茨的管理者三大能力模型来给出参考答案一。参考答案一尽管都来自卡茨模型，还可以细分为三个。

看情况

根据刘澜管理问题第一法则，我们给出第一个参考答案：看情况。

我们还可以具体回答看哪些情况：如果是基层管理者，技术能力最重要；如果是高层管理者，概念能力最重要。

人际能力

我们还可以说：对不同的层级管理者，人际能力都很重要。在三大能力中，只有人际能力在不同层级都很重要，因此可以说人际能力是管理者最重要的能力。

概念能力

或者，我们说概念能力是管理者最重要的能力。这也说得通：概念能力对高层管理者最重要，而高层管理者是最重要的管理者，因此概念能力最重要。

以上都是根据卡茨模型做出的回答，都是有理有据的参考答案。这样回答已经做到了学习管理的三大任务的第一步：学习经典的参考答案。而且不是对模型的死记硬背，而是灵活运用。

参考答案二

学习管理的三大任务的第二步是发现自己的参考答案。管理者最重要的能力是什么？我现在给出自己的参考答案。

两个字：提问。

管理者最重要的能力是提问。

为什么需要自己的参考答案

注意，发现自己的参考答案是在学习经典的参考答案之后。

为什么已经有了经典的参考答案，我们还需要有自己的参考答案？因为自己的参考答案可能更好用。

为什么更好用？原因可能很多：

- 更具体：有可能经典的参考答案针对的是一般情况，而你需要有一个更具体的答案。
- 更习惯：还有可能是经典的参考答案的表述方式让你有些不太习惯，你想要修改一下（比如想把卡茨模型中的“概念能力”修改成“系统思考”或者“思考能力”）。
- 更配套：还有可能是你需要一个跟你的整个参考答案体系（即心智模式）更配套的参考答案。

总之，你觉得在某些情形下，你的参考答案更好，也就是说更好用。

为什么“提问”也许是更好的答案

就“管理者需要具备最重要的能力是什么”这个问题，我的参考答案也许比基于卡茨模型的参考答案更好用，有以下原因：

- 我的答案更简单。用卡茨模型需要分情况说，答案更复杂。
- 我的答案更明确。卡茨模型中的三大能力都还不够具体，每项能力都是一类能力，都包括很多更细的能力。
- 我的答案更实用：基于以上两个原因，我的答案对行动的指导意义更强。

而且，我的答案与卡茨模型并不矛盾。其实可以说，我的答案之所以有可能更好，还因为它融合了卡茨的答案。

提问的能力包括知道为什么要提问，知道问什么，知道在具体的情境中怎么问，这些是概念能力和人际能力——在问的是技术性问题的情形下，也是技术能力——的体现。所以，提问这个答案跟卡茨模型并不矛盾。

管理者提问

管理者最重要的能力是提问，这个结论可以从刘澜管理问题第二法则推导出来。

我们复习一下刘澜管理问题第二法则：很多管理问题都问错了问题。从这个法则可以得出这个符合逻辑的推论：问对问题很重要。

因此，我们得出**刘澜管理问题第二法则的两个推论**。

推论一：管理者最重要的能力是提问。

推论二：管理者最重要的任务是提问。

管理者的工作是提问

管理者最重要的能力和任务是提问，这不是我的发明。许多人早就发现了。

韦尔奇的经验

韦尔奇根据自己的经验，得出管理者的工作是提问：

> 当你独立承担任务的时候，你需要自己去寻找全部答案，那是你分内的工作——成为内行，尽自己的全力，甚至要做整个部门中最聪明的人。而如果你是一个领导，那么你分内的工作则成了提出各种问题。你必须做好思想准备，要显得是部门中最无用的人。①

领导力大师本尼斯②曾经问韦尔奇："你怎么能够做到为所有这些事物做决策——从灯泡到计算机到涡轮发动机到医疗设备？"

韦尔奇说，他不为这些事物做决策，他的工作不是决定冰箱的颜色或尺寸。

> 我的工作是提问。比如，意大利人能以更便宜的方式生产这个吗？我们应该外包它吗？我所做的一切是提出问题，激发想法，并把这些想法传递开来。③

注意，我可以修改一下韦尔奇。即使独立承担任务的时候，你的任务也是提问——向自己提问。因为只有问对问题，你才能找到真正的答案。当你成为一个领导之后，你的任务是向他人提问。

---

① 杰克·韦尔奇、苏茜·韦尔奇（2005），《赢》，余江、玉书译，中信出版社，第 63 页。

② Warren Bennis（1925—2014）.

③ 转引自刘澜（2013），《领导力十律》，机械工业出版社，第 168—169 页。

德鲁克的秘诀

在德鲁克的课堂上，一位学生问他作为一名成功的企业咨询顾问的秘诀时，德鲁克说：“没有秘诀。你只需要问正确的问题。”①

在另一个场合，德鲁克说：

> 任何处于领导位置的人，所能做的最重要的事就是问自己什么是必须要做的，并且要保证这些必须要做的事情能被他人所理解。

那么领导者怎样才能知道什么是必须要做的呢？德鲁克强调了两件事：询问与倾听。②

德鲁克不仅强调了作为顾问要提问，而且强调了作为管理者要提问。我也可以修改一下德鲁克的说法。他所说的两件事——询问和倾听——其实是一件事。

不会提问也就难以倾听。只有有效的提问才能带来有效的倾听。

第五级领导者

柯林斯发现，那些实现了从一般到伟大的跨越的极少数企业，其领导者都很相似，他把他们称为“第五级领导者”。第五

---

① 科恩（2008），《跟德鲁克学管理》，闫鲜宁译，中信出版社，第 68 页。

② 埃德莎姆（2008），《德鲁克的最后忠告》，吴振阳、倪建明等译，机械工业出版社，第 12 页。

级领导者最大的特点是矛盾的统一体：既谦卑，又执着。① 他们的谦卑是关于个人，执着是关于事业。

而且，第五级领导者用问题而非答案领导：

> 领导从一般到伟大的跨越并不意味着先想出答案，然后激励大家追随你救世主一般的愿景；而是意味着拥有足够的谦卑，认识到你的知识不足以掌握所有答案，然后提问，那些问题可以引出可能有的最佳洞见。②

柯林斯对我说，第五级领导者把一家普通的公司变成一家伟大的公司，这比创业成功或者接手领导一家本来就很好的公司并获得成功更加困难。③

在柯林斯研究的 1435 家公司中，只有 11 家公司实现了从一般到伟大的跨越。如果第五级领导者是管理者的极品，那么他们身上的重要特征——提问式领导显然不容忽视。

谦虚的探问

著名管理学者、企业文化之父沙因④在晚年提出了“谦虚的探问”的理念：

---

① Collins, J. (2001). *Good to Great: Why Some Companies Make the Leap … and Others Don't*. HarperCollins, p. 22.

② Collins, J. (2001). *Good to Great: Why Some Companies Make the Leap … and Others Don't*. HarperCollins, p. 75.

③ 刘澜 (2016),《领导力的第一本书：听大师讲领导力》，机械工业出版社，第 95 页。

④ Edgar H. Schein (1928—).

> 谦虚的探问是这样一种精深的艺术：让他人畅所欲言；提出你还不知道答案的问题；基于对他人的好奇心和兴趣而建立关系。①
>
> ……我所有的教学和咨询经验告诉我：使关系得以建立、使问题得以解决、使事情得以进步的是**问正确的问题**。尤其是高层领导者必须学会谦虚的探问，作为创造一个开放的氛围的第一步。②

沙因区分了三种谦虚：

- 第一种谦虚是面对身份更高的人的谦虚。比如下级面对上级，平民面对贵族。沙因称之为基本的谦虚，我称之为谦卑——因为身份卑下的谦虚。
- 第二种谦虚是面对成就更高的人的谦虚。比如一个刚刚开始创业的人面对一个著名企业家，比如普通人面对诺贝尔奖获得者。沙因称之为可选择的谦虚，我称之为谦逊——因为成就逊色的谦虚。
- 第三种谦虚是因为你依赖他人而产生的谦虚。沙因称之为"此地此时的谦虚"，我则称之为谦和——因为意识到要"和"你一起才能完成任务的谦虚。

---

① Schein, E. H. (2013). *Humble Inquiry: The Gentle Art of Asking Instead of Telling.* Berrett-Koehler Publishers, p. 2.

② Schein, E. H. (2013). *Humble Inquiry: The Gentle Art of Asking Instead of Telling.* Berrett-Koehler Publishers, p. 4.

沙因指出，第三种谦虚是理解谦虚的探问的关键：

> 此地此时的谦虚是我依赖你时的感受。此刻我的地位低于你的，因为你知道或者可以做一些事，是我为了完成某个任务或者实现某个目标所需要的。①

下级清楚知道自己依赖上级，学生清楚知道自己依赖老师，因此第三种谦虚在下级和学生身上不难找到。但是沙因提醒我们：上级也依赖下级才能完成工作任务，老师也依赖学生才能完成教学任务，而他们容易忽视这一点，因此地位高的人更需要第三种谦虚。

第三种谦虚要求建立关系，而建立关系要求提问。谦虚的探问在三个方面区分于一般的提问：

- 对他人感兴趣和好奇的心态；
- 建立可以有更开放的沟通的关系的愿望；
- 示弱，从而激发对方的帮助。②

提问的作用

为什么提问对管理者如此重要？我来总结一下提问的作用。

---

① Schein, E. H. (2013). *Humble Inquiry: The Gentle Art of Asking Instead of Telling*. Berrett-Koehler Publishers, p. 12.

② Schein, E. H. (2013). *Humble Inquiry: The Gentle Art of Asking Instead of Telling*. Berrett-Koehler Publishers, p. 19.

原因一：发现问题

2008年发生的毒牛奶事件几乎涉及整个乳品行业，包括蒙牛。蒙牛公司创始人牛根生事后说："三聚氰胺不仅我不知道，而且我的团队也不知道，同时我的员工99%也不知道。"就算牛根生的计算是对的，不是还有1%的员工知道吗？

员工往往不会主动来报告坏消息，你需要主动去问他们。不过，群众的眼睛是雪亮的——如果你不是真正想知道，即使你问了他们也不一定会告诉你。

原因二：发现答案

组织面对的许多问题，管理者不一定有答案。

有些问题的答案可能组织中其他人知道，你需要通过提问才能发现答案。有些问题的答案可能现在没有人知道，你同样需要提问，因为答案有可能在这样的提问中产生。

原因三：改善关系

当你的主要身份是"提出问题者"而不是"下达命令者"的时候，你和下属的关系会更积极。你放低了自己的身段，体现了你对下属的尊重，表示你愿意倾听他们的声音，重视他们的意见。

沙因指出，提问和告诉有这样的不同：

- 告诉隐含这样的假设：你不知道（而我知道），你需要知道；

• 提问隐含这样的假设：你知道（而我不知道），我想要知道。①

两者比较，显然告诉更可能破坏关系，提问更可能改善关系。

原因四：教导他人

管理者的一个重要工作是教导他人。还记得德鲁克把育人单独列为管理者的主要工作之一吗？

相对于直接告诉他人答案，通过提问引导他人自己得出答案可能是更有效的教导方式。因此，即使你知道答案，你很可能也需要提问。

原因五：激发行动

如果你有一个好主意，怎样让他人相信这个主意并且去执行？一个有效的办法是让他人觉得这是他们自己的主意。怎样做到这一点呢？那就是不直接告诉他们这个主意，而是通过提问的方式，引导他们自己得出这个主意。

这跟上一点有相似的地方。不过教导他人侧重的是教方法，落脚点是“授人以鱼不如授人以渔”；激发行动侧重的是对情感的引导，运用的道理是“敝帚自珍”。

---

① Schein, E. H. (2013). *Humble Inquiry: The Gentle Art of Asking Instead of Telling*. Berrett-Koehler Publishers, pp. 8-9.

原因六：提升自己

从卡茨的管理者三大能力模型，我们可以推导出这样的结论：管理者在技术能力上往往不如下属。而且，又有哪位管理者敢于说自己在所有的人际能力、所有的概念能力上都优于所有的下属呢？

提问不仅是教导之路，也是我们的学习之道。三人行必有我师，管理者通过提问向他人学习。

管理者问什么

如果说管理者最重要的能力和任务是提问，那么管理者问什么和怎么问也变得重要起来了。而在这两者之中，问什么更重要。

管理者首先要问正确的问题，然后才是正确地问问题。

那么，管理者要问的正确问题有哪些？而且，管理者要问的最重要的问题是什么？

管理者要问的正确问题

管理者要问的正确问题有哪些？答案当然是看情况，不同的情况要求问不同的问题。

但是，只是这样回答似乎还不够。管理者面对的情况尽管多种多样，但是依然有模式可循。我们似乎可以概括出一些主要谈话模式下的主要问题。

德鲁克的五个问题

决定组织存亡兴衰的问题，是管理者首先要问的正确问题。

德鲁克提出了一个组织的自测工具："自测过程是这样一种方法，用来评估：你在做什么，你为什么做，以及你**必须**做什么来提升一个组织的绩效。"①

德鲁克提出的这个过程就是"问五个根本问题"：

- 我们的使命是什么？
- 我们的顾客是谁？
- 我们的顾客看重的价值是什么？
- 我们的结果是什么？
- 我们的计划是什么？

德鲁克去世后，柯林斯、"营销之父"科特勒②等几位管理大师（作为德鲁克的粉丝）阐述了他们对这些问题的感想，跟德鲁克的原文加在一起，"合作"写了一本书，书名叫作"你要问你的组织的五个最重要的问题"。

如果你是组织一把手，这五个问题就是首先要问的正确问题。对于中层和基层管理者来说，这些问题也是正确问题，问这些问题是提高自己概念能力的有效练习方法。

---

① Drucker, F. D., et al. (2008). *The Five Most Important Questions You Will Even Ask Your Organization*. Jossey-Bass, p. 2.

② Philip Kotler (1931—).

管理者问下属的好问题的标准

德鲁克的五个问题，是在组织层面的正确问题。如果我们把情境设定为管理者跟下属的沟通，那么正确问题是什么？

答案当然可以是看情况。看哪些情况呢？的确，我们可以把管理者跟下属的沟通情境概括为少数几种，并分别列出重要问题清单。

不过，我觉得与其授人以鱼，不如授人以渔。与其列出一个重要问题清单，不如列出好问题的标准。这样大家可以按照这些标准，根据自己的具体情境，创造出正确的问题。

在管理者跟下属的沟通情境中，好问题有四个标准：

- 在思想上有启发：对这个问题的思考和回答能够在思想上启发下属，或者启发你。
- 在情感上有激励：这个问题关注的焦点和提问的方式能够给下属带来正能量。
- 在关系上有促进：这个问题能够促进双方的关系。这跟上一个标准常常相关。
- 在行动上有推动：这个问题能够引发、推动具体的行动。

一个问题，很难在这四个标准上都得高分。如果能在两个标准上得高分，就是很好的问题了。

好问题的例子

判断管理者问下属的某个问题是否好问题，我们可以用上面四个标准来分别打分，然后看总分高低。

比如，“我能帮你做什么”就是管理者问下属的一个好问题。

首先，这个问题在思想上有启发。下属可能在解决问题时局限于自己的能力和资源，没有考虑如何利用上司的帮助。这个问题启发他往这个方向思考。下属的回答也可能促进上司本人的思考。

而且，这个问题在关系上有促进。这个问题表示上司对下属的关注，以及帮助下属的意愿，有可能在很大程度上促进双方关系。

还有，这个问题在行动上也可能有推动。下级如果提出具体的帮助要求，上司权衡之后，有可能采取行动，推动问题的解决。

“我能帮你做什么”在这三个标准上的具体得分，要看具体情境。但是通过上面的分析，我们可以发现，这个问题一般说来会是个好问题。当然在不同情境中，你也许需要改变一下这个问题的具体表述。

我有一本书叫《领导力就是说对十句话》。这十句话有一半是问题，这些问题也是管理者问下属的好问题的例子，至少在上面四个标准的某两个标准上，得分会非常高。

管理者要问的最重要的问题

有没有一个问题，可以称为管理者要问的最重要的问题呢？我大胆地回答，有。这个问题是——你觉得呢？**“你觉得**

呢”是管理者问下属的最重要的问题，因为：

- 常用：这个问题主要应用于“下属来请示”的情境中，而这是管理者最经常面对的情境，至少是其中之一；
- 管用：在“下属来请示”的大多数情境中，问这个问题优于其他参考答案。

它为什么管用？我们可以复习一下提问的六个作用。现在，它们变成了“你觉得呢”的六个作用。

作用一：发现问题

下属来请示，直接问的是一个问题。复习一下刘澜管理问题第二法则：很多管理问题都问错了问题。也就是说，下属可能问错了问题。

比如，下属来问：是否可以增加两个销售员？也许真正的问题是销售团队的佣金制度不合理，导致现有销售员缺乏积极性，真正要做的事情应该是改变佣金制度。

最好的回答不是直接回答可不可以增加两个销售员，也不是问：你是不是问错了问题？那样会破坏关系。

最好的回答是问：你觉得呢？从对方的回答（以及你进一步的提问）中发现问题的真正所在。

作用二：发现答案

下属经常来问他们自己有答案的问题，原因很多：

- 因为习惯性的依赖；
- 因为担心你不喜欢这个答案；
- 因为知道你更喜欢你自己的答案；
- 因为不愿意承担答案可能错误的后果；
- 因为要试探一下你的水平……

所以，不管你有没有答案，你都可以先问“你觉得呢”，发现下属本来就有的答案。

即使你有答案，你也应该先问“你觉得呢”。如果你先说了自己的答案，再问下属还有什么答案，下属很可能只是附和你的答案，而不是提出一个不同的、有可能更好的答案。

作用三：改善关系

“你觉得呢”的主语是“你”，以对方为中心，表现出你尊重对方，想倾听对方这个“人”。

你给对方时间来讲述他的“觉得”，进一步表现出你尊重对方，想倾听对方的“思想”。

如果你在倾听之后，对其思想中的闪光点再表示肯定，那这个建立更好的关系的过程就更完美了。

作用四：教导他人

对方对“你觉得呢”的回应，也许是提了个不完美的答案，那么这正好是一个教导对方的机会。你可以接着问：还需要考虑哪些因素？还有什么更好的方案？为什么那样可能更好？

对方也许真的没有答案，那么用更具体的问题启发对方想出一个答案，相比告诉对方一个答案，会是授人以渔的更好的教导机会。

作用五：激发行动

对方来请示，如果你直接告诉他该怎么做，他执行的是你的答案。如果你通过“你觉得呢”，启发他自己得出来答案，那么他随后执行的是自己得出来的答案。哪一种情形他会更积极主动地去执行呢？当然是后者。

行为经济学家艾瑞里①命名了一种“宜家效应”。宜家效应的主要内容是：

> 我们对某一事物付出的努力不仅给它带来改变，也改变了自己对它的评价。付出越多，产生的爱恋越深。②

从宜家买回来的家具往往需要自己组装。相对从其他地方买回来的现成的家具，人们会更喜欢自己组装的家具，尽管它某些地方还可能有些歪歪扭扭。

同样，人们也更喜欢自己“组装”的主意。因此，人们会更愿意实施这些主意。这就是中国人所说的敝帚自珍。

作用四和作用五还告诉我们，“你觉得呢”这个问题应用了

---

① Dan Ariely（1967— ）.

② 艾瑞里（2010），《怪诞行为学2——非理性的积极力量》，赵德亮译，中信出版社，第78页。

刘澜管理学习第三法则：你是你最大的问题，你也是你最大的答案。“你觉得呢”把重心放在“你”上面，发现对方最大的问题在哪里，同时激发对方自己行动起来改变心智模式。

作用六：提升自己

每一次说“你觉得呢”，都需要有一种真诚的“教教我”的态度。把每一次问“你觉得呢”都作为一次潜在的学习机会。你不只是向谈话对象学习，而且从这次对话过程中学习。

以上分析也告诉我们，如果用衡量好问题的四个标准来打分，“你觉得呢”也会得到高分。

刘澜管理问题第三法则

“你觉得呢”是管理者问下属的最重要的问题，引出**刘澜管理问题第三法则：有些管理问题有标准参考答案。**

管理只有参考答案，没有标准答案，这是刘澜管理学习第一法则；所有的管理问题都只有一个标准答案——看情况，这是刘澜管理问题第一法则。这两条法则是相关的，说的都是管理无定法。

但是，有些时候，在标准答案和参考答案之间，存在一个“标准参考答案”。

标准参考答案

标准参考答案是比其他参考答案更标准的答案，或者说是比其他标准答案更具有参考价值的答案。

管理咨询顾问白金汉①也致力于发现标准参考答案，他称之为 controlling insight，② 有人译为“高屋建瓴的洞见”③。其含义是：

> 它们虽然不能解释所有的结果或事件，却能对大部分事件做出最好的解释。无疑，其他因素都会起到各自的作用，但是最有用的洞见构成所有其他因素的前提，继而左右它们，使你能够“四两拨千斤”。④

比如，下属来向你请示一个问题，你该怎么回答？当然是要看情况。要看问的是什么问题，要看下属对问题的理解水平，要看你和下属的关系，等等。根据不同的情况，可以有不同的回答方案。

但是，你也可以用我刚刚教的“标准参考答案”。下属来向你请示，你就回答：你觉得呢？这个回答不是在 100% 的情形下管用，但是它可能在 80% 的情形下管用。这个问题可以引出更多好问题，是一个“四两拨千斤”的答案。

---

① Marcus Buckingham（1966— ）.

② Buckingham, M.(2003). What Great Managers Do. *Harvard Business Review*, March.

③ 白金汉（2008），《最后，告诉你三条一定之规》，方晓光译，中国社会科学出版社，第 9 页。

④ 白金汉（2008），《最后，告诉你三条一定之规》，方晓光译，中国社会科学出版社，第 9—10 页。

标准参考答案的特点

标准参考答案具有这样一些特点：

- 简单性：标准参考答案最表面的特点是简单性。“你觉得呢”只有四个字，非常简单。
- 普遍性：也就是比较广泛的适用性。这是其“标准”的一面，也就是维克的理论之钟所说的一般性。
- 准确性：根据维克的理论之钟，又简单又一般的理论往往不够准确。但是，标准参考答案依然比较准确，因此它比较管用。①
- 实践性：管理上的标准参考答案具有很强的实践指导意义。比如“你觉得呢”就是告诉你具体怎样回答下属的请示。
- 关键性：标准参考答案最核心的特点是其关键性。它处在众多互相关联的要素或原则的交点。

关键的英文是key，也是钥匙的意思。标准参考答案处在众多答案的关键地位，不仅是因为它能“开门”，而且是因为它能打开一扇又一扇的门。标准参考答案的关键性也可以看作它的乘法效应或者杠杆效应。

提问之所以关键，因为提问处在发现问题、发现答案、改善关系、教导他人、激发行动、提升自己这些重要的管理原则

① 因此，标准参考答案可能是10点钟方位而且具有较强准确性的理论，也可能是6点钟方位而且具有较强一般性的理论（在后者的情形，也可能需要不止一个标准参考答案）。

的交点。

我们来看其他一些标准参考答案的例子。

例一

艾柯夫举过一个经营加油站的公司的例子。这家公司研究出了影响顾客满意度的36个因素，但是进一步的分析发现：其中35个因素都跟顾客对加油时间的预期相关。

这个因素就是关键因素，改善这个因素能够影响35个因素。这个因素就是影响顾客满意度的标准参考答案。

例二

文学名著《安娜·卡列尼娜》的开头一句话非常著名："幸福的家庭都是相似的；不幸的家庭各有各的不幸。"幸福婚姻大概也是如此。

专家也许可以列举出幸福婚姻的众多共性。但是，有没有一个关键因素呢？怎么做可以造就幸福婚姻呢？关于这个问题，我看到过三个标准参考答案。

- 第一个是白金汉提供的：寻找关于对方行为的最善意解释，并且相信它。
- 第二个是基于对婚姻能否持续的一项经典研究：对另一半的赞扬和批评的比例不要低于5∶1。①

① 参见米勒（2015），《亲密关系（第6版）》，王伟平译，人民邮电出版社，第189页。

• 第三个我一时忘记了出处，但是印象很深刻：尽可能让做爱的次数多于吵架的次数。

这三个标准参考答案中，我最喜欢第二个。不仅因为第二个基于学术研究，准确性高，更因为它对行动的指导意义更强。

它具体告诉你怎么做：尽可能多地赞扬对方；如果不小心批评了对方 1 次，要用 5 次赞扬来弥补。它易于操作，实际操作性高于第一个答案（第一个答案主要是内心活动），也高于第三个（赞扬操作起来比做爱更容易）。

更重要的是，第二个答案处于关键地位，它实际上包括了第一个，很可能还包括了第三个：赞扬需要寻找对方身上值得赞扬的地方，就是寻找那些最善意的解释。你去做第二个答案，第一个答案（以及第三个答案）那扇门自然而然就打开了。

例三

美国著名租车公司 Enterprise 每个月都进行顾客调查，只问两个问题：一是你的租车体验怎么样？二是下次你还愿意从该公司租车吗？

Enterprise 公司然后对数千家营业网点排名，只根据一项指标：对租车体验打了最高分的顾客有多少。对于那些觉得体验还凑合的顾客，不予考虑。该公司认为，这些顾客才是公司盈利增长的关键驱动力——因为他们不仅会持续从该公司租车，而且会向朋友推荐。

例四

Enterprise 公司的成功实践，影响了通用电气公司。从 2005 年开始，通用电气公司用两个指标来衡量顾客满意度。一项是运营指标，随业务的不同而不同。另一项则是所有业务都通用的指标——净推荐者（net-promoter）。这个指标是咨询顾问赖克赫德①受到 Enterprise 公司的启发而发明的，不过略有不同。

他们首先问顾客：你向朋友和同事推荐该公司的可能性有多大？要求顾客从 0 分到 10 分打分。10 分是“极其可能”，5 分是“不确定”，0 分是“完全不可能”。把打 9 分和 10 分的归入推荐者，打 7 分和 8 分的算是被动满意者，打 6 分到 0 分的则是批评者。推荐者的百分比，减去批评者的百分比，就是净推荐者。

赖克赫德做了很多定量研究，得出的结论是：在所有顾客忠诚度指标中，净推荐者跟公司利润增长最为相关。②

发现最重要的指标

关于顾客满意度，或者说关于公司的运营情况，Enterprise 公司的标准参考答案是推荐者，赖克赫德的标准参考答案是（减去批评者之后的）净推荐者，都是用一个关键指标来说话。这个指标既是众多运营活动的结果指标，又是影响利润增长等

① Fred Reichheld（1952— ）.

② Reichheld, F.（2006）. The Microeconomics of Customer Relationships. *MIT Sloan Management Review*, Winter.

其他指标的中间变量。

这给我们一个启发：**标准参考答案可能是单一关键指标。**

柯林斯的发现

柯林斯发现，实现了从一般到伟大的跨越的公司都采用了一个正确的衡量企业运营的标准参考答案：

> 如果你能够选择一个，只选择一个单一指标——每 X 的利润（对于社会部门来说可以是每 X 的现金流）——来长期地提升它，什么样的 X 可以对你的经济发动机有着最大、最持久的影响？①

柯林斯研究的企业中，一家便利连锁商店最早用的指标是每商店利润，后来改为每次顾客上门的利润。

这个改变带来了巨大的变化。如果用每商店利润作为最重要的指标，那么你可以用减少商店数量的方法来提升指标，但这并非企业发展之道，而且违背了核心价值——便利。

你的关键指标是什么

你需要发现那个最为关键的指标。它处于企业运营活动的中心，处于企业价值创造的核心。柯林斯列出了实现了从一般到伟大的跨越的那 11 家公司最重要的单一指标，也许会对你有

---

① Collins，J.（2001）. *Good to Great：Why Some Companies Make the Leap … and Others Don't*. HarperCollins，p. 104.

所启发：

- 每员工利润（两家公司）；
- 每顾客利润（两家公司）；
- 每次顾客上门利润；
- 每地理区域利润；
- 每当地人口利润；
- 每消费品牌利润；
- 每全球品牌利润；
- 每抵押风险水准利润；
- 每吨成品钢利润。①

你的企业是否找准了衡量你们企业的那个单一指标，那个最重要的标准参考答案？

许多企业做了许多培训，但并没有取得多大的成效。你觉得考察培训效果的最重要的单一指标应该是什么呢？

我们现在更密切地结合一下你的实际。假设你读过不止一本管理书。你是否想过需要有个指标呢？你考察自己读管理书的指标应该是什么？

你怎么衡量你未来一年的发展呢？如果用一个单一指标来衡量，这个指标是什么？

① Collins, J. (2001). *Good to Great: Why Some Companies Make the Leap … and Others Don't*. HarperCollins, pp. 106-107.

学习标准参考答案

这一讲（第三章和第四章），我们学习了三个关于管理问题的法则。这三个法则提供了三个回答别人问题的标准参考答案。

别人问你一个管理问题，你有三个标准参考答案：

- 看情况。
- 你的问题问错了！
- 你觉得呢？

再复习一下**刘澜管理问题第三法则：有些问题有标准参考答案**。我们可以把这个法则运用到学习管理的任务上。

学习管理的任务之一是学习经典的参考答案，任务之二是发现自己的参考答案。运用刘澜管理问题第三法则，我们可以说这两个任务都有重点，分别是：学习经典的标准参考答案；发现自己的标准参考答案。

第四章要点

1. 管理者最重要的能力。
2. 为什么需要自己的参考答案。
3. 为什么提问是更好的参考答案。
4. 刘澜管理问题第二法则的两个推论。
5. 柯林斯的第五级领导者。
6. 沙因的谦虚的探问。
7. 管理者提问的六个作用。
8. 德鲁克的五个问题。
9. 管理者问下属的好问题的四个标准。
10. 为什么"我能帮你做什么"是个好问题。
11. 管理者要问的最重要的问题。
12. "你觉得呢"这个问题的多个作用。
13. 宜家效应。
14. 刘澜管理问题第三法则。
15. 标准参考答案的特点。
16. 单一关键指标的重要性。
17. 回答问题的三个标准参考答案。

第三讲

关系心智

第五章　管理者管理什么

关于管理，许多中国人喜欢概括为管人理事，或者管事理人。这两种说法都有道理，但是作为标准参考答案都还不够好。

在人和事的背后隐藏着一个关键——关系。管理者通过管理关系来管理人，通过管理人来管理事。

管理者管理什么？关系。

在这一章，我从五个角度来说明“管理者管理关系”的重要性：

- 管理者的定义；
- 管理的两大维度；
- 组织的三种任务；
- 组织有效性的五个标准；
- 作为社会资本的关系

管理者的定义

我们要从管理者的定义讲起。

管理者的定义可以分为两派。第一派把管理者定义为有下属的人，第二派把管理者定义为有责任的人。

第一派：有下属的人

把管理者定义为有下属的人，这一派是多数派。

通过他人来做事的人

这个定义的另一个版本，是把管理者定义为通过他人来做事的人。

一本以管理的历史为主题的著作明确地说："管理者是一个公司内部管理其他人工作的人。"① 那么，与此配套的管理的定义就是"通过他人完成任务"，一本颇有影响的早期教科书就是这么写的。②

现在依然流行的一本教科书这样定义管理者："管理者（manager）是这样的人，他通过协调和监管其他人的活动以达成组织目标。"后面还接着一句话："他的工作不是取得个人成就，而是帮助他人完成任务。"③ 这只是"通过他人来做事"的一个更长的版本。

---

① 威策尔（2002），《管理的历史》，孔京京、张炳南译，中信出版社，第30页。

② 转引自雷恩、贝德安（2014），《管理思想史（第六版）》，孙健敏等译，中国人民大学出版社，第474页。

③ 罗宾斯、库尔特（2012），《管理学（第11版）》，李原等译，中国人民大学出版社，第6页。

有下属的人

“管理者是通过他人做事的人”这个定义，在组织实践中往往演变成了“管理者是有下属的人”。这个演变包括两个变化：

- “通过他人做事”里本来有人也有事，但是因为事是更抽象的，目标是延后的，而人是更具体的，是就在眼前的，所以最后“做事”被忽略了，管理变成了单纯地管人。
- 尽管“他人”不只包括下属，但是下属之外的他人是在物理距离以及权力距离上（后者更加重要）更远的存在，因此“他人”中的其他人都被忽略了，管理变成了单纯地管理下属。

第二派：有责任的人

这一派反对以有没有下属来定义管理者。这一派是少数派，包括德鲁克、马利克、格鲁夫等人。

与“他的工作不是取得个人成就，而是帮助他人完成任务”相反，这一派认为管理者的工作就是取得个人成就。只不过为了取得个人成就，他们需要帮助他人完成任务。

没有下属可以是管理者

第三章已经讲过，马利克认为，对组织有重要贡献的专家，即使没有下属，也是管理者。①

---

① 马利克（2009），《管理成就生活》，李亚等译，机械工业出版社，第15页。参见上一讲相关内容。

德鲁克则区分了有下属的管理者（通常所说的 manager）和有贡献的管理者（他用的词是 executive，通常指高管）①：

> 在现代组织中，如果一个知识工作者负责做出的贡献，对组织创造绩效和获得成果的能力有着实质性的影响，他就是一个管理者。②

有下属不一定是管理者

马利克认为，“毫无疑问，管理下属的人是管理者”③，但是德鲁克认为，有下属的人并不一定是管理者：

> 许多经理人不是管理者。换句话说，许多人是其他人的上级——通常这个其他人的数目还不小——但他们对组织创造绩效的能力没有重要的影响。④

德鲁克举了大型制造工厂的领班为例。领班监管着许多工人，但是他对他们工作的方向、内容、质量和创造绩效的方式都没有什么影响。

---

① 在这个部分，我们把前者译为经理人，后者译为管理者。德鲁克广为流行的著作《卓有成效的管理者》一书中的“管理者”就是 executive 一词。

② 德鲁克（2005），《卓有成效的管理者》（中英文双语典藏版），许是祥译，机械工业出版社，第 137 页。

③ 马利克（2009），《管理成就生活》，李亚等译，机械工业出版社，第 15 页。参见上一讲相关内容。

④ 马利克（2009），《管理成就生活》，李亚等译，机械工业出版社，第 138 页。

管理者的核心是责任

我来总结一下：管理者是有责任的人。这么说，德鲁克、马利克、格鲁夫都会同意。管理者有三方面的责任：

- 对成果的责任：管理者关注的重点不是投入，而是产出，也就是成果。他们问自己：我需要取得什么成果？
- 对整体的责任：管理者不仅关注自己创造的成果，更关注自己的成果在更大的组织成果中的地位，也就是自己对组织成果的贡献。他们问自己：我取得的成果对组织的贡献是什么？或者换一个问法，为了取得组织成果，我需要取得什么成果？
- 对他人的责任：管理者因为关注自己的成果，所以关注他人的成果对自己的影响。他们问自己：为了取得自己的成果，做出对组织的贡献，我需要对哪些人负起责任？

德鲁克在晚年曾说：

> 管理人员的传统定义是拥有下属的人。而我的贡献是，我把管理①定义为取得成果的人。这是截然不同的，但我的定义并没有被广泛接受。②

德鲁克的概括是“管理者是有成果的人”。我们也可以说“管理者是有贡献的人”。这跟我前面概括的“管理者是有责任

① 原文如此，疑漏一“者”字。
② 埃德莎姆（2008），《德鲁克的最后忠告》，吴振阳、倪建明等译，机械工业出版社，第 213—214 页。

的人”，都是同一个意思。不管是责任、成果还是贡献，都要包括上面三个方面。

更管用的管理者定义

定义一：管理者是有下属的人。定义二：管理者是有责任的人。哪一个定义更正确？

上面这个问题问错了问题。正确的问题是：哪一个定义更好？或者更准确地说：哪一个定义更管用？

后一个定义更管用。后一个定义通过对以下三个方面的强调，能让管理者的行动更加卓有成效。

强调结果，而非过程

首先，后一个定义让我们把注意力放在结果上，而不是投入或者过程上。

管理的本质是实现目标的活动。管理下属是过程，而且并非过程中不可或缺的一部分。我们需要关注的是产生成果。

强调整体，而非个人

其次，后一个定义让我们把注意力放在组织的整体成果上，而不是个人或者局部的成就。

还记得三个石匠的故事吗？第二个石匠之所以很可能会是问题所在，因为他关注的是个人成果，而没有问：组织要取得的成果是什么？我需要对这个成果做出什么贡献？

强调关系，而非权力

最后，后一个定义让我们把注意力放在关系而非权力上。

在题为“如何管理上司”一文中，德鲁克还给管理者[①]下过这样的定义：“对自己的绩效所依赖的所有人的绩效负责的人。”[②]

管理者不是管理他人的绩效，而是管理自己的绩效。但是，自己的绩效依赖于其他人的绩效。这个其他人不仅包括下属，还包括上司、平级，以及组织外部的客户、合作伙伴等。

这是我们讲过的管理的五个方向。因此，你即使没有下属，你也还有其他方向上的他人需要管理。而你对下属之外的他人都没有命令和指挥的权力，你只能建立关系。

所以，管理者管理关系。

管理的两大维度

管理有两大维度，一个是人，另一个是事。也可以说管理行为有两个基本维度：关系行为与任务行为。也可以说管理者有两大基本风格：员工导向与任务导向。

---

① 德鲁克在这里用的是传统的 manager 一词。德鲁克仅在《卓有成效的管理者》一书中区分了 manager 和 executive。

② 德鲁克（1999），《现代管理宗师德鲁克文选（英文版）》，机械工业出版社，第 252 页。

各种模型中的两大维度

这两大维度在许多模型中都会出现，只是说法不同。下面只是举两个例子。

管理方格模型

管理方格模型在大多数管理或者领导力教科书中都会被提到①，也叫布莱克—莫顿管理方格或者领导方格，以其两个提出者②命名，内容如图 5-1 所示。

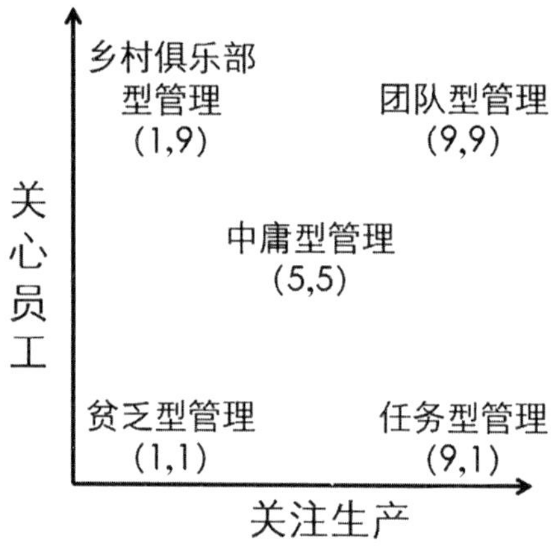

图 5-1 管理方格模型

来源：本书作者改编自达夫特（2008），第 40 页。

① 如罗宾斯、库尔特（2012），《管理学（第 11 版）》，李原等译，中国人民大学出版社，第 456—457 页；达夫特（2008），《领导学：原理与实践（第 3 版）》，杨斌译，电子工业出版社，第 39—40 页。

② Robert R. Blake 和 Jane S. Mouton。

这个模型认为管理行为有两个维度：关心员工和关注生产。

这些行为的使用程度可以从 1 到 9 分打分。五种代表性的管理风格为贫乏型管理（1，1）、任务型管理（9，1）、乡村俱乐部型管理（1，9）、中庸型管理（5，5）和团队型管理（9，9）。

这个模型认为最有效的管理风格是团队型管理。

情境领导力模型

管理方格模型认为团队型管理最有效，并没有得到实证研究的支持。哪种管理风格最有效？标准的答案应该是看情况。管理学者也逐渐意识到了这一点。

在管理方格模型之后出现了许多看情况的领导力模型，被称为领导力的权变理论。所谓权变，就是因情境的不同而变。

情境领导力模型是少数在企业界很有影响的领导力理论，就是一个看情况的权变领导力模型。该模型主张，对于不同成熟度（按能力和意愿来区分）的下属，领导者应该采取不同的行为风格。目前流行的第二代情境领导力模型，我将其简化为如图 5-2。

情境领导力模型所谓的支持性行为，就是关系行为；所谓的指导性行为，就是任务行为。所以它除了看情况之外，跟管理方格模型其实差不多。

尽管情境领导力模型比较受经理人欢迎，经常用在企业培训中，但也没有得到实证研究的支持。

实际的管理工作涉及的情况很多，不是简单地把下属分为

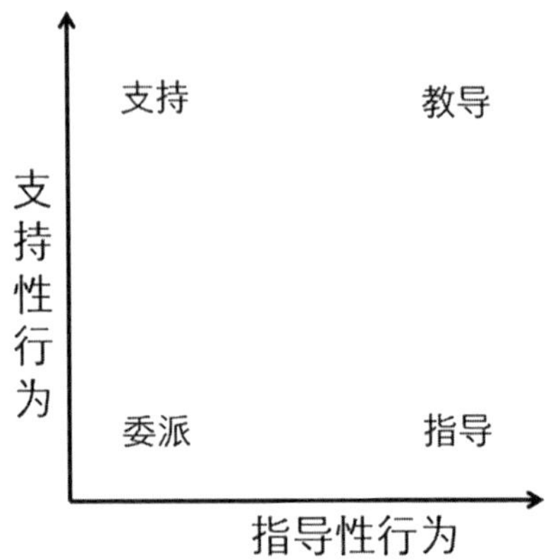

图 5-2 简化后的第二代情境领导力模型

来源：本书作者改编自布兰佳等（2008），第 89 页。

几种就看清楚了情况。比如，你至少还要看任务的情况。而任务又可以分出性质、复杂性、紧迫程度等很多情况。

关系行为影响任务行为

看来，管理行为有两个维度是共识。一个是关注人的行为，一个是关注事的行为。关注人的行为有时被称为关系行为，但是我们都知道，关注人不一定是关注关系。

在关系、人、事三者之中寻找一个标准参考答案的话，我认为是关系。任务是由人来完成的，而人是由关系来影响的。

足球裁判的经验

英国《金融时报》曾经登过一篇有趣的报道，说是著名足球裁判科里纳①应邀给一些企业讲管理。科里纳说，关键是营造关系。“有时，你的决定得到认可，不仅仅是因为它是正确的，还因为你们之间的关系是积极的。”②

科里纳说的其实是：关系行为影响任务行为。尽管任务行为反过来也影响关系行为，但是不如关系行为对任务行为的影响大。

管理学者的发现

关系行为影响任务行为，这是人类社会的普遍现象，不仅发生在足球场上。

沙因提出“谦虚的探问”，主要目的就是强调关系的重要性。他引用了一项对心脏手术团队的管理研究，该研究发现，表现更好的团队建立了更私人的关系。

研究者提到一个细节：在医院的餐厅中，人们一般按级别和职业坐在一起。但是，她注意到一个成功的团队是围坐在了一个桌子旁，没有区分是医生还是护士，级别是高还是低。显然，他们建立了更私人的关系，因此有更好的沟通、更多的信任，带来了更高的绩效。③

---

① Pierluigi Collina（1960— ）.

② FT 中文网（2008），《光头裁判的管理经》，6 月 23 日，http:// http://www.ftchinese.com/story/001020124。

③ Schein，E. H.（2013）. *Humble Inquiry*：*The Gentle Art of Asking Instead of Telling*. Berrett-Koehler Publishers，p. 76.

组织的三种任务

要更清楚地认识关系行为对任务行为的影响，我们需要区分一下组织中的三种任务。

组织的三种问题与任务

一个组织要生存和发展，需要解决三种问题：日常性问题、技术性问题和挑战性难题。组织有相应的三种任务：日常性任务、技术性任务和挑战性任务，也可以分别称之为处理、管理和领导。

日常性问题——处理

日常性问题又可以分为两种。一种是维持任何组织运转都要解决的问题，比如电脑坏了要有人维修、地板脏了要有人打扫。

还有一种跟组织的核心业务相关，但是这些问题经过劳动分工和流程化之后，变得日常化了，成为日常性问题。比如，流水线上的生产工人和呼叫中心的顾客服务人员，大多数时候做的就是日常性任务。

解决日常性问题可以称为处理。处理因为其简单重复性，往往有严格的流程、规范、制度可循。处理者不需要进行太多的思考，只需要严格遵循操作规范就可以解决问题。

技术性问题——管理

大多数时候我们面对的是技术性问题。技术性问题跟组织的核心业务相关，是组织提供自己的专业服务中产生的问题。

比如，富士康公司要满足苹果公司生产更新型 iPhone 的需求，就是个技术性问题。

技术性问题中的许多成分，我们已经将其流程化、日常化，转化为日常性问题。但是，规范和流程不能解决问题的全部。比如，要生产新一代的 iPhone 手机，富士康就需要对已有流程进行调整，这同样是技术性问题——解决问题需要做出一定的调整，但是组织不需要做出实质的改变。

解决技术性问题是狭义的管理。管理活动具有一定的复杂性，尽管需要进行一定的思考，但是对于其所要解决的问题，组织已经知道如何应对，有相关的资源和流程可以依靠，运用组织已经拥有的知识就可以解决问题。

挑战性难题——领导

挑战性难题不仅有复杂性，更具有不确定性。挑战性难题指的是必须变革现有方式才能解决的问题。

这种变革不是修修补补式的调整，而是必须对现有的思想、行为方式和价值观做出根本改变。比如，一个数码相机公司对某款相机进行升级是技术性问题，而胶卷相机公司如何应对数码相机的挑战就是挑战性难题。

解决挑战性难题才是狭义的领导。前途也许是光明的，但是道路肯定是曲折的。

广义的管理的三种责任

这三种任务也就是广义的管理的三种责任。广义的管理包括上面所说的处理、管理和领导。

狭义的管理（把管理者与非管理者相对）不包括处理。当德鲁克说流水线上的领班不是管理者的时候，他指的是狭义的管理。领班的主要责任是处理——解决日常性问题。

更狭义的管理（把管理者与领导者相对）不仅不包括处理，也不包括领导——解决挑战性难题。当人们区分管理和领导的时候，所说的就是最狭义的管理。

关系在三种任务中的作用

任务不同，关系的作用不同。

关系的两个维度

关系常常划分为情感性关系和工具性关系两个维度。[①] 沙因则称之为个人关系和任务关系。[②] 这两种关系的区别在于：

- 在情感性关系中得到的回报来自关系本身。两个朋友在一起愉快地聊天，这体现的是情感性关系。
- 在工具性关系中得到的是关系之外的回报。你去跟老板的秘书聊天，希望了解老板对你的私下评价，这是工具性关系。

---

① Chen, C. C., et al (2013). Chinese Guanxi: An Integrative Review and New Directions for Future Research. *Management and Organization Review*, 9 (1): 167-207.

② Schein, E. H. (2013). *Humble Inquiry: The Gentle Art of Asking Instead of Telling*. Berrett-Koehler Publishers, p. 72.

社会学家黄光国指出：

> 如果一个人想要跟他人建立情感性关系，关系本身是目的。但是如果一个人想要跟他人建立工具性关系，关系只是实现其他目的的一种手段或工具。因此，这样的关系基本上是不稳定的和短暂的。①

尽管所有的关系都多多少少包含这两个维度，但是情感性关系才是我们所强调的关系的核心。

关系在不同任务中的作用

在组织的三种任务中，关系的两个维度起到的作用不同：

- 在日常性任务中，人们主要按流程办事，不需要情感性关系，相互发生的工具性关系往往也是事先规定好的。因此，关系在这里的作用最小。
- 在技术性任务中，人们需要就资源的应用、流程的配合、互相的协调做出决定。这时主要发生的是工具性关系，但是这些关系需要加入个人判断，因此受到情感性关系的影响。如果情感性关系有问题，正确的决定不一定能获得认可。关系在这里起到比较重要的作用。
- 在挑战性任务中，人们面对前途的不确定性和变革的艰巨性。你的决定是否正确？没有人确切知道。而且要执行你的

① Hwang，K.（1987）. Face and Favor：The Chinese Power Game. *The American Journal of Sociology*，92（4）：944-974.

决定，需要大家付出艰巨的努力，大家愿意付出和坚持吗？在这种情况下，情感性关系起到最大的作用，也就是说关系在这里最重要。

任务越难，关系越重要。在挑战性任务中，关系的作用最重要。大家之所以在不知道你的决定是否正确的情况下相信你，往往是因为跟你的情感性关系。大家之所以愿意追随你走出舒适区，踏上艰难的变革之途，往往是因为跟你的情感性关系。

因此，在带领他人完成艰难任务之前，你需要问自己：我在关系上准备好了吗？

许多观察家认为，随着时代的变化，任务越来越难。沙因也这么说：

> 世界在这样变化：技术上更复杂，更加相互依赖，文化上更多元，因此为了完成任务，建立关系变得越来越重要，同时也更加困难。关系是良好沟通的关键，良好沟通是成功完成任务的关键，基于"此地此时的谦虚"的"谦虚的探问"，是良好关系的关键。①

工具性关系可以促进情感性关系

情感性关系影响工具性关系，但是反过来，工具性关系也可能促进情感性关系。

---

① Schein, E. H. (2013). *Humble Inquiry: The Gentle Art of Asking Instead of Telling*. Berrett-Koehler Publishers, p. 62.

政治学家伯恩斯①在其经典著作《领导力》的扉页上，引用了毛泽东的一段话：

> 我们应该深刻地注意群众生活的问题，从土地、劳力问题，到柴米油盐问题……要使他们从这些事情出发，了解我们提出来的更高的任务……②

毛泽东对关系的理解很高明。具体说就是：工具性关系可以促进情感性关系。可以先通过帮助群众解决茶米油盐这些日常性问题、技术性问题，来增进情感性关系，从而为完成更艰难的挑战性任务打好关系的基础。

组织有效性的五个标准

如何判断一个组织是否卓有成效？这个问题就跟如何判断一个人是否健康一样，没有单一的标准答案。

组织有效性的五种模型

有学者总结了组织有效性的五种模型：

- 目标模型：组织实现了既定目标；
- 资源模型：组织获得了需要的资源；

---

① James MacGregor Burns（1918—2014）.

② 根据伯恩斯著作的中译本（《领袖》，中国人民大学出版社 2007 年版）的译者注，这段话出自毛泽东《关心群众生活，注意工作方法》(1934 年 1 月 27 日)。

- 内部流程模型：组织能够顺利运转；
- 利益相关者模型：战略利益相关者至少是最低程度的满意；
- 人际关系模型：成员感到满意并且合作。

这五种模型分别有不同的适用情境，而且彼此之间很可能是冲突的，要做到其中某一个标准就需要牺牲另一标准。①

不同阶段的有效性

我们可以把企业运作分为“输入—过程—输出—影响”这四个阶段。考察组织有效性的五个模型（图 5–3），其实是对这个运作流程的不同阶段进行考察，或者说，考察的是不同阶段的有效性。

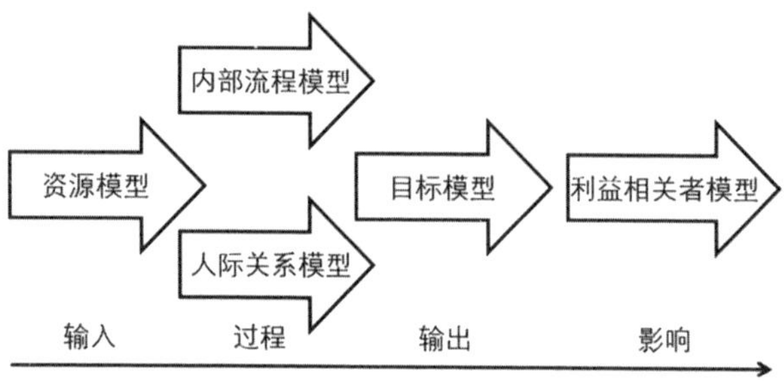

图 5–3　组织有效性的五个模型

来源：本书作者。

① 卡梅伦（2010），“组织有效性：在积极组织学说演变中的湮灭和再生”，《管理学中的伟大思想：经典理论的开发历程》，史密斯、希特主编，徐飞、路琳译，北京大学出版社，第 245—264 页。

理想的情况显然是在这四个步骤、五个方面都做到卓有成效。但这基本上是不可能的。

以人际关系为标准

如果必须取舍，我们在管理工作中应该注重哪个标准呢？我的参考答案是人际关系，主要有两个理由：

- 五个模型都可以作为“判断”的标准，但是如果作为“注重”的标准，那么需要从输入和过程着眼，而非结果。
- 在输入和过程的三个模型之中，在大多数情况下，人际关系对另外两个因素的影响更大。也是前面讲过的：任务是由人来完成的，人是由关系影响的。

当然，人际关系并非在任何情况下都重要。比如，对于一家工厂来说，内部流程非常重要。但是即使对于一家工厂，人际关系也是不能忽视的因素。

管理史上最著名的实验

关于工厂，我们有一个著名的例子。这就是管理史上最著名的实验——霍桑实验。

霍桑实验从1924年开始，在美国西方电气公司（位于芝加哥附近）的霍桑工厂进行了8年时间。

照明实验

霍桑实验的第一阶段是照明实验。一些管理学者调整车间的照明亮度，看是否对生产率有影响。他们惊讶地发现，不管把照明调整得更亮还是更暗（甚至暗到了月光的亮度），工人的生产效率都在提高！

学者们最后对照明实验得出的解释是：因为工人发现他们得到了关注。

继电器装配实验

霍桑实验的第二阶段是继电器装配实验。研究者选出一些继电器装配工人进入实验室，研究各种工作条件（如休息时间、付酬方式等）的改变对生产率的影响。研究者惊讶地发现，她们的生产率“总体上保持着上升趋势，无论工作条件做出何种改变”。①

对继电器装配实验在“关注”之外，还多了一个解释：工人在实验组中可以交谈，这在以前的车间中是不允许的。而且，实验室中没有她们讨厌的以前的上司，只有一个“友善的观察者”，研究者在改变工作条件之前往往还先听取她们的意见。

也就是说，工人彼此之间有着更好的关系（除了工具性关系，还有情感性关系）；工人和管理者之间有着更好的关系。

霍桑效应

有人提出了“霍桑效应”这个词，指近距离观察实验者会

---

① 雷恩、贝德安（2014），《管理思想史（第六版）》，孙健敏等译，中国人民大学出版社，第 331 页。

影响实验结果。① 我想换一种方式阐述“霍桑效应”，这才是霍桑实验对管理者的真正启示：人是关系的动物。关系行为影响任务行为。

在现代化的制造型企业富士康中，工人比起霍桑时代更像是机器上的一颗螺丝钉了。香港理工大学的一个研究团队，接触过一个在富士康一个月没有说过一句话的女工。一位以工人身份进入富士康考察的研究生，记得自己“每天不知要听多少次”主管的骂。②

富士康一度因为频频发生员工跳楼事件而引起社会关注。富士康似乎完全没有听说过近一个世纪前的霍桑实验，以及它对管理的启示。

作为资本的关系

关系是一个重要的概念，不同学科的学者都在研究它。关系又是一个模糊的概念，人们以不同的名义在研究它。③

关系也被学者们称为社会资本，从另一个角度再次说明关系的重要性。

---

① 雷恩、贝德安（2014），《管理思想史（第六版）》，孙健敏等译，中国人民大学出版社，第 343 页。

② 参见刘澜（2013），《领导力十律》，机械工业出版社，第 310 页。

③ 关系的英文为 relation，但与管理相关的关系研究很少以 relation 的名义研究关系，而是使用 guanxi，network，networking，social capital，tie，connection 等。

四种关系

我们可以把人类社会的关系分为四种：市场关系、组织关系、社会关系和家庭关系（表5-1）。

表5-1　人类社会的四种关系

	市场关系	组织关系	社会关系	家庭关系
典型体现	买卖双方关系	层级（同事）关系	朋友（熟人）关系	亲人关系
交换内容	以商品交换金钱	以任务交换身份	以人情交换人情	以亲情交换亲情
交换内容的特定性	非常特定	比较特定	不特定	很不特定
交换法则	对等	公平	互惠	需求
交换条款的明确性	非常明确	比较明确	不明确	很不明确
交换的即时性	快	不太快	慢	很慢
交换双方的地位	平等	不平等	平等	不平等

来源：本书作者。

市场关系

我们与陌生人之间如果产生关系，往往是市场关系。比如你和快递员、理发师之间的关系。

交换的内容是特定的：对方提供快递或者理发服务，你提供金钱。交换的条款是明确的，如果是比较复杂的市场交换，往往会签订明确的合同来进行约定。

市场交换是纯粹的工具性交换。尽管你和你的理发师也有可能讨论一下个人感情生活，但是这是例外而非规则。“双方把这种社会交换仅仅视作实现各自目的的手段。他们甚至不需要知道彼此的姓名。在这样的关系中，即使有情感的元素，也是很淡薄的。”①

组织关系

组织中的典型关系是层级关系。

你可以让快递员为你服务，是你付钱；快递员的上级可以让他为你服务，是通过命令，通过组织赋予他的权威。快递员通过完成组织要求的任务，获得组织成员的身份，而且通过这个身份获得相应的报酬和职业发展。

快递员和上级（代表组织）之间的交换条款有明确的地方（由明确的劳动合同规定），也有不明确的地方（管理上称之为“心理契约”），后者的例子是上下级可能共同达成了如果员工好好干就可能获得升职的预期。

组织关系中，下级和上级之间的关系是不对等的。组织关系中的平级关系貌似平等，但是平级之间的协作关系也是由组织规定的，是在上级的权威之下发生的，因此其本质也是成员与组织之间的不对等关系。

商业组织中的关系以工具性交换为主，辅之以制度化（体现在春游、年会等活动之中）和非制度化的情感性交换。但是

① Hwang, K. (1987). Face and Favor: The Chinese Power Game. *The American Journal of Sociology*, 92 (4): 944-974.

理论上，组织关系可以完全没有情感性交换（想象一下富士康的工厂里那个一个月没有说一句话的女工）。

社会关系

社会关系最大的特征之一是人情交换。人情交换不仅包含情感性交换，而且把工具性交换转换成情感性交换。

情感性交换是社会关系不可或缺的内容。朋友关系是最典型的社会关系。想象一下几个闺蜜在一起讨论自己的男朋友的情景。如果 B 更愿意向 A 而非 C 倾诉自己感情上的烦恼，我们会认为 B 跟 A 的“关系更好”。

你跟朋友之间可能也有工具性交换，比如朋友帮你搬家，或者你帮朋友介绍一个客户，但是，你们的回报内容可以是非特定的，回报时间也是可以延迟的，这是工具性关系向情感性关系的转变。

比如，朋友帮你搬家，你可能一个星期之后请他吃个饭，或者一个月之后送他一个礼物，也可能你什么都没有做，但是你知道自己欠下一个人情，等待合适的机会回报（介绍一个客户给他）。

在社会关系中，交换的内容是不特定的，交换可能延迟很久才完成。纯粹工具性的交换逐渐向以情感性的交换演变，工具性交换也有了维持关系本身的目的。

家庭关系

家庭关系中包含大量的工具性交换，比如父母养育子女，子女赡养父母，但是其核心是情感性交换。维护关系本身是关系活动的最主要目的。

市场关系的交换法则讲究对等，付出与得到要对等。组织关系的交换法则讲究公平，相同的业绩付出应该得到相同的奖金回报。社会关系的交换法则讲究互惠，朋友之间要互相帮助，礼尚往来。家庭关系的交换法则是需求，他人需要什么，你尽量提供什么。

社会资本的概念

社会资本是一个与关系有很大交叉的概念：

> 社会资本是个人或者团体可获得的善意。它来源于行为主体的社会关系的结构和内容。它的效果来自行为主体可获得的信息、影响力和默契。①

简单地说，社会资本就是关系可以带来的好处。但是，并非所有的关系都是社会资本。社会资本主要来自社会关系和家庭关系。②

我们可以把四种关系进行如图 5-4 那样的区分。

在从交易到关系（社会资本）的连续体上，市场关系最靠

① Adler, P. S., & Kwon, S-W. (2002). Social Capital: Prospects for a New Concept. *Academy of Management Review*, 27 (1): 17-40.

② 家庭关系首先由夫妻关系组成，夫妻关系是一种特殊的朋友关系，因此我们也可以把家庭关系作为社会关系的一个特例。不过家庭关系中还有血缘关系，这是社会关系难以完全包容的。

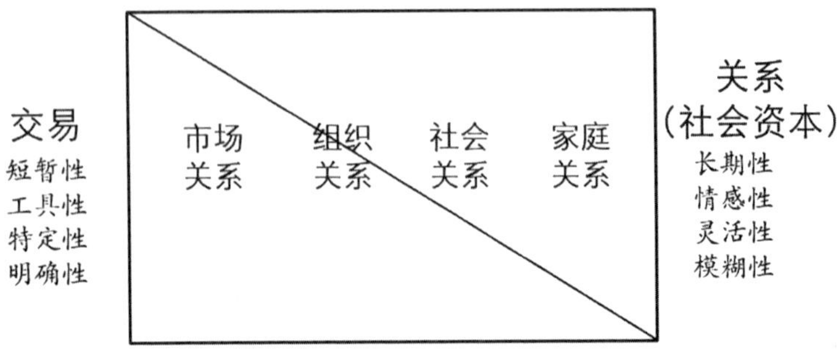

图 5-4　从交易到关系（社会资本）的连续体

来源：本书作者。

近交易这一段，具有持续的短暂性、内容的工具性、交换内容的特定性、交换条款的明确性的特征。而越往右的关系越是具有持续的长期性、内容的情感性、交换内容的灵活性、交换条款的模糊性的特征。

图 5-4 的四种关系中，右边的关系多多少少会包括左边关系的内容。交易和关系的区分不是绝对的，而是程度不同。在市场关系中，交易的比重很大，关系的比重很小。在家庭关系中，关系的比重最大，交易的比重最小。四种关系从左到右，交易的比重在下降，关系的比重在上升。

要让组织中的关系成为社会资本，我们需要让组织关系更像社会关系一些。

关系的三大作用

研究社会资本的学者提出了关系的三大作用：信息、影响力和默契。①

信息

关系带来信息。在良好的关系中，你可以获得的信息是：

- 相关的
- 及时的
- 可信的

回到我们前面讲过的牛根生的例子。在三聚氰胺事件后，他说："三聚氰胺不仅我不知道，而且我的团队也不知道，同时我的员工 99% 也不知道。"显然，牛根生及其管理团队与那 1% 的知情员工之间没有良好的关系，因此他们得不到相关、及时、可信的信息。

影响力

关系带来影响力。如果 A 与 B 有良好的关系，那么 A 即使没有充分的理由和足够的权威，也可以说服 B 去执行某项任务。反之，如果 A 与 B 关系不够好，那么即使 A 有充分的理由和足够的权威，B 也有可能拒绝去执行某项任务。

这就是前面科里纳的话所强调的："有时，你的决定得到认可，不仅仅是因为它是正确的，还因为你们之间的关系是积

---

① Sandefur, R. L., & Laumann, E. O. (1998). A Paradigm for Social Capital. *Rationality and Society*, 10: 481-501.

极的。”

其实还可以进一步：你的决定不一定是正确的，但是因为你和他人的关系是积极的，所以他人也可能认可你的决定。

默契

关系养成默契。① 默契可以理解为随着关系的加深，双方逐渐从“我和你”变成了“我们”。

我这次帮了你一个忙，并不期望立即的回报，甚至并不期望回报，因为我这么做不是为了你，而是为了“我们”，这就是默契。在一个卓越的组织中，大家都是为了“我们”的成功而奋斗。

关系的资本属性

管理者要利用关系，需要看到关系跟其他资本相同以及不同的地方。

关系与其他资本的相似

之所以把关系称为社会资本，是因为关系带来的好处与其他资本带来的好处相似。②

首先，与其他资本一样，关系是长期存在的资产，我们可以向其投入资源，使之在未来产生持续的价值。

---

① 我用“默契”作为 solidarity 的翻译，也可直译为“团结一致”。

② Adler, P. S., & Kwon, S-W. (2002). Social Capital: Prospects for a New Concept. *Academy of Management Review*, 27 (1): 17-40.

其次，与其他资本一样，关系可以产生关系之外的产出，甚至转化为其他资本。比如，朋友可以提供信息，甚至提供金钱。

再次，与其他资本一样，关系可以替代或者补充其他资源。关系的补充作用往往大于替代作用。

最后，与某些资本（如清洁的空气和安全的街道）一样，某些形式的关系具有正向外部性。夫妻之间的良好关系会对孩子乃至其社区有正向外部性，一个具有良好内部关系的企业也是如此。①

这四点都是关系对管理者的重要性。

关系与其他资本的不同

关系与其他资本还有一点不同：管理者不能在没有土地、金钱或者劳动力的地方，单凭自己一己之力，无中生有地把这些资本创造出来。但是，管理者可以在本来没有关系的地方，无中生有地创造出关系。

这也是关系对管理者的重要性。

管理者如何创造关系资本？这是下一章的主题。

---

① 一个拥有良好内部关系的团体也可以具有负面的外部性，比如黑手党。

第五章要点

1. “管理者是通过他人来做事的人”的定义。
2. 理解上个定义向“管理者是有下属的人”的演变。
3. 为什么没有下属可以是管理者?
4. 为什么有下属不一定是管理者?
5. “管理者是有责任的人”的定义的三个方面。
6. “管理者是有责任的人”的定义的不同说法。
7. 为什么“管理者是有责任的人”是更好的定义?
8. 管理的两大维度。
9. 管理方格模型。
10. 简化的情境领导力模型。
11. 组织的三种问题和任务。
12. 广义的管理与狭义的管理。
13. 关系的两个维度。
14. 关系在三种任务中的不同作用。
15. 组织有效性的五种标准。
16. 管理史上最著名的实验及其启示。
17. 四种关系及其不同特点。
18. 社会资本的概念。
19. 从交易到关系(社会资本)的连续体。
20. 关系的三大作用。
21. 关系与其他资本的相似。
22. 关系与其他资本的不同。

第六章　关系管理的策略

关系是一种特殊的资本，管理者可以通过以下八种策略，把它无中生有地创造出来：交谈，一对一会议，赞扬，帮助，送礼物，精心时刻，求助，教导。

第五章讲到，管理可以分为关系行为和任务行为两大维度。这八种关系管理策略，也是管理者主要的关系行为清单。

交　谈

交谈是最为基本的关系策略。一般说来，你要跟另一个人建立关系，第一步就是跟他交谈。交谈对于关系的维护也必不可少。

交谈对关系的促进是通过两个渠道：扩大公开区和扩大相似区。

扩大公开区

公开区的概念来自著名的约哈里之窗。①

约哈里之窗

约哈里之窗（图 6-1）是关于人际关系的认知的图示，包括四个区域：

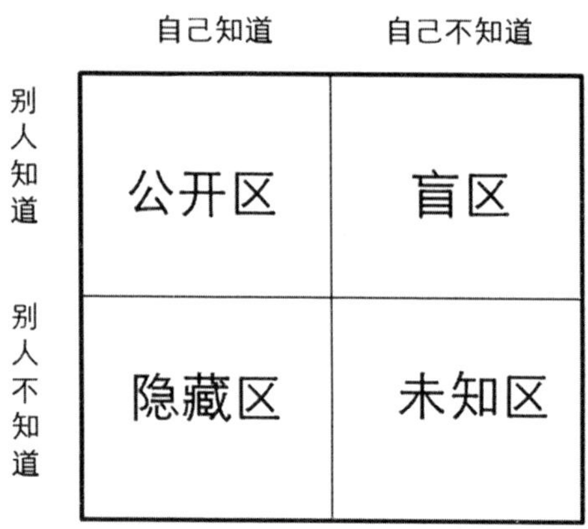

图 6-1　约哈里之窗

来源：本书作者改编自 Luft（1961）。

- 公开区②：包括自己知道、别人也知道的自己的动机和

① 约哈里之窗（the Johari Window）于 1955 年由心理学者约瑟夫·卢夫特（Joseph Luft）和哈里·英格拉姆（Harry Ingram）提出，由两人的名字命名，又译乔哈里之窗。

② 在 Luft（1961）中，这个区域被称为“自由活动区”。这里采用了“公开区”这一更为广为流传的称呼。

活动。

• 盲区：别人在自己身上看到而自己却不知道的内容，比如自己没有意识到的自己的缺点和优点。

• 隐藏区：自己知道而没有告诉对方的内容。

• 未知区：双方都不知道的动机和活动。“然而我们能够假设它们存在，因为最终其中一些事情会变为已知，那时我们才意识到这些未知的行为和动机一直在影响着关系。”①

扩大公开区的四种活动

建立和维护关系的一个主要策略就是扩大双方的公开区。我们可以通过四种主要交谈活动来扩大公开区：

• 自我暴露，自己谈论自己，通过减少自己的隐藏区来扩大公开区；

• 让对方自我暴露，让对方谈论对方，通过减少对方的隐藏区来扩大公开区；

• 征求反馈，让对方谈论自己，通过减少自己的盲区来扩大公开区；

• 提供反馈，向对方谈论对方，通过减少对方的盲区扩大公开区。

前两种交谈活动相对比较容易操作，效果也比较容易把控。

---

① Luft, J. (1961). The Johari Window: A Graphic Model of Awareness in Interpersonal Relations, *Human Relations Training News*, 5 (1): 6-7.

后两种操作起来困难一些，如果操作不当，反而会损害关系。交谈应该先从比较安全的话题开始，不要太快涉及敏感话题，尤其不要急于反馈你对别人的负面意见。

熟悉效应与安全机制

扩大公开区能够促进关系，主要是因为**熟悉效应：我们喜欢熟悉的人。**

有心理学者发现了“纯粹曝光效应”，指一件事物只要在我们眼前多曝光几次，我们就会对它更有好感。这跟熟悉效应是一个意思。

熟悉效应背后有一个进化而来的基本心理机制，我现在称之为**安全机制：我们需要安全，因此喜欢那些让我们感觉安全的人。**

安全需求是人类最基本的需求之一。相对更为陌生的人，我们跟更为熟悉的人在一起感觉更为安全，因此我们更喜欢更为熟悉的人。

扩大相似区

如果要让交谈发挥更大的作用，比扩大公开区更重要的是扩大相似区。

相似效应与喜欢自己机制

我们不仅要利用熟悉效应，还要利用**相似效应：我们喜欢与自己相似的人。**心理学有大量研究证实了这一点。

相似效应主要通过两个原因起作用。

第一个原因是跟相似的人在一起，我们的相处会比较投机，比较少冲突，因此比较愉快。但是有些相似点其实跟相处无关。比如国外的研究发现，人们会更喜欢姓名首字母跟自己相同的人。

第二个原因更为微妙，这是在关系背后起作用的最重要的心理机制——**喜欢自己机制：我们喜欢自己，因此我们喜欢那些让我们更喜欢自己的人。**

心理学研究发现了许多跟自我有关的偏差（bias，或称偏见）、谬误、错觉。人们过于自信，带来所谓的规划谬误；人们高估自己的能力、品质、对成果的贡献（正向偏差或自利偏差）；人们对自己的未来过于乐观（积极错觉）；人们高估自己对外在世界的控制力（控制错觉）……

我把这些偏差概括为**人类的一个基本心理倾向：喜欢自己**。

因为喜欢自己，**我们喜欢那些让我们更喜欢自己的人**。为什么我们喜欢与我们相似的人？因为喜欢他们就是喜欢自己。

扩大相似区的方法

A、B 两个人拿到公开区的内容可以分为三个部分（图 6-2）：A 的独特区，B 的独特区，A 与 B 的相似区。

如果两个人的相似区很小，这个公开区即使很大也难以发挥作用。交谈不仅要扩大公开区，更要扩大相似区。

你可以用自我暴露和让对方自我暴露扩大公开区，通过征求反馈和提供反馈扩大相似区："我喜欢吃川菜，你呢？""我的

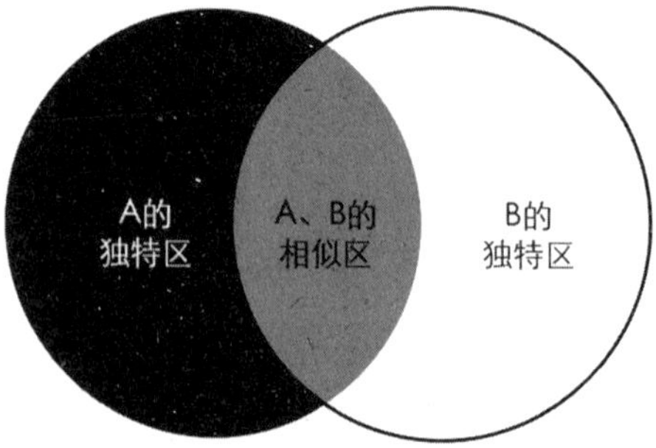

图 6-2　A、B 公开区的三个部分

来源：本书作者改编自贝克特尔（2014）。

求职经历几乎跟你一模一样……”“我有个师弟也在那家公司工作过，你认识他吗？”

对上下级交谈的建议

我针对上下级的交谈提一些具体建议。

上级容易犯的交谈错误

在交谈上，作为上级的管理者容易犯三个错误：

- 忽略交谈，尤其是忽略工作以外内容的交谈，只是直来直去地谈工作；
- 把交谈变成自己谈，忽略了应该“交”谈；
- 即使交谈，也让下级有对方依然高高在上的感觉。

利用相似效应

上级因为是上级，容易给下级高高在上的感觉，因此上级需要多利用相似效应，扩大相似区：

- 可以谈论自己“平常”的一面，甚至有选择地暴露自己无关紧要的缺点，让下级感觉上级也是跟自己一样的凡人；
- 让下级多说话，并从中发现内容扩大相似区；
- 有针对性地谈论自己跟下级的共同点：“我跟你一样，刚刚参加工作的时候也是做技术工作……”

交谈的一些技巧

在交谈的时候，可以使用以下一些语言技巧：

- “我（是）……，你呢？”比如，“我是射手座，你呢？”在自我暴露之后，让对方自我暴露，同时探索扩大相似区的可能性。
- “我跟你一样，也是……”比如，“我跟你一样，也是在北方上的大学。”这既是接过对方话头，进行“交”谈，从对方的自我暴露进入自己的自我暴露，更是扩大相似区。
- “我觉得我……，你觉得呢？”这是自我暴露加上征求反馈。这首先扩大了公开区。一般说来，对方会尽量说些好的印象。而这些好的印象尽管在此时也许是客气话，但也会因为后面讲到的一致机制，影响对方长期的感受。

一对一会议

一对一会议也是最为基本的关系策略之一。

一对一会议与交谈的区别

管理者容易把一对一会议与见面或交谈混淆，认为自己与下属天天都在见面而且有交谈，所以不需要一对一会议了。

两大区别

交谈和一对一会议之间最主要的区别是：一对一会议是深度的交谈。

深度首先体现在时间长度上。德鲁克说，一个管理者认为可以只用 15 分钟跟某位下属谈清楚一个问题，那只是自欺欺人。至少需要 1 小时以上的时间，才可能说到点子上，产生真正的影响。①

深度还体现在内容的深入性和“会议”的正式性上——交谈可以随时随地进行，而一对一会议往往是双方实现专门计划好的事项。

两者还有一个重要区别：交谈重在内容，而一对一会议既重在内容，还重在态度。

交谈的目的是通过扩大公开区和相似区来建立关系，而一对一会议的目的既是要利用谈话的内容结果来建立关系，更是要通过谈话过程所表现出的关心、尊重和信任来建立关系。

其他区别

表 6-1 总结了一对一会议与交谈的区别。

---

① 德鲁克（2005），《卓有成效的管理者》（中英文双语典藏版），许是祥译，机械工业出版社，第 160 页。

表 6-1 一对一会议与交谈的区别

一对一会议	交谈
持续时间长（1 小时或更多）	持续时间一般较短
深入地谈论少数话题	浅层次地谈论少数或多个话题
正式的活动，一般在专门时间和地点进行	非正式的活动，可以随时随地进行
在两个人之间进行	可以在多人之间进行
一般当面进行，或通过电话或视频会议	可以通过电子邮件、即时通讯等方式
谈话结果（内容）和谈话过程都是重点	重点在谈话结果（内容）

来源：本书作者

英特尔的例子

格鲁夫在英特尔公司把上下级的一对一会议作为一种重要的管理工具。格鲁夫说："我认为一对一会议最少要开 1 小时，短于 1 小时的会，你的部属在提问题时，可能只是围绕一些容易解决的问题。"

这样的会多久进行一次呢？格鲁夫说根据下属的工作成熟度来定。"如果他对这个项目已经游刃有余，你可能一个月和他开一次会就够了。"① 不然，就应该增加到也许是每周一次的频率。

① 格鲁夫（2007），《格鲁夫给经理人的第一课》，巫宗融译，中信出版社，第 61 页。

以关系为主题的一对一会议

对管理者来说，主要有两种一对一会议。一种是围绕关系进行的，另一种是围绕任务进行的。围绕关系进行的一对一会议并不常见，却是必要的。

需要单独发展的组织人际关系

前面讲到的交谈，可以建立和维护一般性人际关系。但是，拥有良好的一般性人际关系的两个人，不见得能够在一起很好地工作。

德鲁克说："不是基于对工作的高绩效感到满意的人际关系实际上是糟糕的人际关系，会导致士气低落。"① 德鲁克从组织成果着眼，强调的是建立好的组织人际关系。

格鲁夫也说：

> 曾有一个经理人告诉我，他和他上司之间肯定是双向沟通，因为他们经常一起喝酒。错了！进行社交和管理上的沟通有很大的差别。管理上的沟通是对部属工作上的关心与参与。工作以外的称兄道弟也许有助于此，但两者不应混为一谈。②

格鲁夫其实说得比德鲁克更全面一些，他承认一般性人际

---

① 德鲁克（2007），《管理：使命、责任、实务（实务篇）（中英文双语典藏版）》，王永贵译，机械工业出版社，第317页。

② 格鲁夫（2007），《格鲁夫给经理人的第一课》，巫宗融译，中信出版社，第147页。

关系可能有助于组织人际关系。但是，他和德鲁克一样强调需要单独发展组织人际关系。①

如果你觉得和某位需要密切协作的同事（也许是下级，也有可能是上级或平级）不能够很好地一起工作，你们就需要进行一次围绕双方的组织人际关系进行的一对一会议。

建立组织人际关系的谈话指南

你可以使用下面的问题清单，作为建立组织关系的谈话内容的指南。这些问题不一定原模原样地出现在谈话中，但是你应该努力掌握以下信息：

- 对方的目标是什么？包括组织赋予的任务目标以及对方的职业发展目标。后者也许是只能间接发现的敏感话题。
- 对方的压力是什么？包括实现以上两种目标的压力。
- 对方喜欢（及不喜欢）的工作方式和沟通方式是什么？
- 对方的目标、压力、工作方式和沟通方式与你有哪些冲突？如何调和？
- 对方期待你提供的价值是什么？你在哪些方面没有达到预期？
- 你还可以为对方提供哪些价值？如何实现？
- 对方为你提供的价值是什么？是否符合你的预期？

---

① 组织人际关系主要为实现组织目标（包括落实到个人身上的组织目标）的工具性关系；一般性人际关系主要为情感性关系，也包括实现私人目标的工具性关系。

- 对方还可以为你提供哪些价值？如何实现？

以任务为主题的一对一会议

以任务为主题的一对一会议较为常见。上下级之间的一对一会议往往是围绕具体某个或某阶段的任务而展开的。

如果你是上级，这种谈话的要点是让对方当主角，自己的主要任务是倾听。但是，如果只是坐在那里被动倾听，往往是听不到什么东西的。你要主动倾听。

GROW 模型

提问式倾听是主动倾听的一种。GROW 模型是提问式倾听的一个主要套路：

- G 是目标（Goal），先问：目标是什么？
- R 是现状（Reality），接着问：现状怎么样？
- O 是方案（Options），然后问：方案有哪些？
- W 是行动（Way to go），最后问：行动是什么？

我们之前讲过，管理者要问的最重要的问题是：你觉得呢？GROW 模型可以视作一个更为系统的“你觉得呢”。

因为管理就是实现目标的活动，所以围绕目标进行提问的 GROW 模型在管理中应用广泛。如果你善于灵活运用，它可以出现在绝大部分提问式倾听之中。

GROW 模型不仅是倾听，也是教导，它是情境领导力模型（图 5-2）的高支持性行为（关系行为）和高指导性行为（任务行为）的同时体现，值得管理者花时间去学习和实践。①

运用 GROW 模型的一个例子

下属来向你请示：可否增加 100 万元的广告预算？你可以直接问：你觉得呢？但是你也可以问得更细。你可以问：

- G：增加 100 万广告预算，你想达成什么目标？
- R：现状怎么样，距离目标有多大差距，有哪些障碍？
- O：除了增加广告预算，还可以有哪些方案？
- W：你提到了五种方案，你打算采用哪一种，下一步行动是什么？

这不是四个问题，而是四个主题，以这四个主题把一对一会议分成了四个阶段。每个阶段会围绕一个主题提出更多更细的问题。这四个阶段进行下来，往往至少需要 1 个小时。

倾听的八种技巧

一对一会议中，上级的主要任务是提问式倾听。要做到有效倾听，经常需要用到以下八种技巧：

- 逗号式倾听："有意思。请接着说。"就好像给对方的话打了个逗号一样，但是自己对倾听的兴趣已经表达了出来。
- 问号式倾听："还有吗？""后来呢？"这两个简单的问题，

① 如果想要详细了解 GROW 模型，可以读两本专门讲解该模型的书：《高绩效教练》和《潜力量》。

在许多时候是最好的倾听问题。比如，对方分析了问题原因后，问：还有其他原因吗？再想想，还有吗？

- 重复式倾听：“你刚才说……，是吗？”这是简单重复对方的话。
- 复述式倾听：“你刚才说的可以理解为……，是吗？”这是把对方说的话换一种方式表述。
- 解释式倾听：“你真正想说的是……，是吗？”通过试图解释对方的言外之意，来引出对方的解释。
- 联系式倾听：“你之前说过……，你刚才又说……，这两点之间是什么关系？”这个问题表现出你一直在深度倾听。
- 肯定式倾听：“你说得有道理，请接着说。”肯定对方的好处很明显，但是也有风险（包括过早进入判断，让对方觉得自己居高临下等），要慎重使用。
- 同理心倾听：“我有时也有跟你类似的感受。”表达自己感同身受的好处很明显，但是也有让对方觉得话题转向了你的风险，也要慎用。

提问式倾听主要利用的是喜欢自己机制：让对方感觉到你尊重、关心和信任对方，这让对方更喜欢自己，因此更喜欢你。

赞　扬

赞扬同样是最为基本的关系策略之一。赞扬是对喜欢自己机制的最直接的运用：对方受到你的赞扬，会更喜欢自己，因此更喜欢你。

赞扬的原则

赞扬的第一个原则是真诚。

倾听别人可以讨别人喜欢，这是比较隐蔽的；赞扬别人可以讨别人喜欢，这是非常明显的。因此你赞扬别人的时候，别人是有警惕的，也许觉得你别有用心，也许觉得你只是敷衍了事。所以，你需要表现出真诚。

赞扬的第一个原则是真诚，第二个、第三个原则也是真诚。赞扬只有真诚这一个原则，其他都是操作方法。

赞扬的方法

怎样做到真诚赞扬？最主要的方法是具体。

赞扬要具体

越具体的赞扬越真诚。

比如，你赞扬手下的销售员，说：

> 你上个月销售得很好，继续努力！

有可能你的销售员觉得挺高兴，但也有可能觉得你只是在敷衍。他有可能只是感觉“你赞扬了”，而不是“我被赞扬了”。

如果你赞扬得更具体呢，你说：

> 你上个月完成了 200 万的销售额，比你的任务超出了

50 万，比团队平均销售额高出 80 万，太好了！

这样赞扬是不是更具体、更让人觉得“我被赞扬了”呢？

如果你能够赞扬得更具体呢，你说：

你上个月完成了 200 万的销售额，比你的任务超出了 50 万，比团队平均销售额高出 80 万。你之所以取得这样的结果，是因为你拿到了 A 公司的订单。我知道 A 公司之前一直用竞争对手的产品，你用了两年时间经历了 A 公司 3 个采购经理才把 A 公司攻克下来。太了不起了！

如果你这样赞扬，他的感觉可能就不仅是“我被赞扬了”，而且是“我被赞扬到了”。他会感觉你赞扬到了点子上，会感觉到你真正地关注到了他，真正地关注到了大家的工作。

赞扬行为，而非品质

赞扬要具体，可以延伸出这个操作方法：**赞扬行为，而非品质。**

你有没有这样赞扬过孩子呢？“宝贝，这次数学考试考了 100 分，你太聪明了！”有心理学者认为，这样赞扬孩子是错的。

原因是：他会认为，既然考试成绩是自己聪明的结果，而自己又会一直聪明下去，所以他就可能骄傲自满，放松学习。

所以，你应该赞扬他的行为：“宝贝，这次数学考试考了 100 分，太好了！之前你把作业里所有的错题都复习了一遍，考试的时候就没有出错了！”

赞扬行为，而非品质，这对管理者赞扬下属同样适用。赞扬行为，不仅因为具体而显得真诚，从而有关系上的效果，而且会有教导上的效果：下属就知道下次应该重复什么行为。

赞扬努力，而非结果

赞扬要具体，还可以延伸出这个操作方法：赞扬努力，而非结果。或者说：**赞扬努力，而不仅是结果。**

许多管理者只关注到结果，赞扬的时候往往也只赞扬结果。这可能有三个副作用。

首先，这带来因为赞扬不具体而显得不真诚的问题。被赞扬者认为你并没有真正关注他的工作，你只是看到报表上的一个数字。

其次，跟赞扬品质一样，赞扬结果也有这样的副作用：下属不知道下次该重复什么样的行为和努力。

而且更重要的是，如果赞扬结果，往往只有在取得好结果的少数时候才能赞扬。大多数时候的结果可能都不值得赞扬，那是不是大多数就不赞扬了呢？答案是：要赞扬。找到员工值得赞扬的努力，进行赞扬。

赞扬三段式

把握赞扬要真诚的原则和赞扬要具体的要点，可以采取的方式是多姿多彩的。不过在你成为赞扬大师之前，不妨用这个“赞扬三段式”的套路多加练习。

赞扬三段式是这样的：**充分赞扬＝你的行为＋对我的影响＋**

我的感受。

下面是一个例子：

> 你上个月完成了 200 万的销售，谈成了 A 公司这个大客户（以上为“你的行为”），因为 A 公司是行业标杆，现在我们销售部正在谈的 B 公司和 C 公司都有了很大希望，如果 A、B、C 都拿下了，我们销售部今年有望超额 50% 完成任务（以上为“对我的影响”）。你干得非常不错，今天晚上我请你喝酒（以上为“我的感受”）。

通常的赞扬中一般都有“我的感受”（比如“太好了”“干得不错”），也就是赞扬三段式的第三段。如果只有这一部分，显得抽象、空洞，可能让人觉得是敷衍、不真诚。

赞扬三段式的特色在前两段，最大的特色又在谈对“我”的影响的第二段。这个内容让赞扬更加真诚了：因为对“我”有这样的影响，所以“我”想要赞扬你。

赞扬上司往往容易被当作拍马屁。如果使用赞扬三段式来赞扬上司，更可能被上司作为真诚的赞扬而接受。

帮　助

帮助对方同样是最为基本的关系策略之一。

互惠机制

帮助用到了另一个重要的关系机制：互惠。

心理学家西奥迪尼①在其畅销书《影响力》中讲到的第一个影响力法则就是互惠。"这条法则说的是：如果另一个人给了我们什么，我们应该以同样的方式回报。"②

互惠是人类进化而来的最为基本的心理机制之一。简单地说，**互惠机制就是你对我好，我就会想要对你好。**

两个要点

管理者通过给下属、同事提供帮助来建立关系，需要把握两个要点：

- 别人找到你要求提供帮助，你当然应该尽量提供帮助。如果只能说"不"，也需要有技巧地说"不"，而不是生硬地拒绝。
- 与其在别人找你帮助时才帮助，不如主动地去问别人："我可以帮你做什么?"

"我可以帮你做什么?"这是建立和维护关系的一句重要的口诀。即使你并没有真正帮别人做什么，只是这句话本身也表达了你的善意，在双方关系中进行了一次投资。

送礼物

送礼物与帮助类似，也是利用互惠机制的一个关系策略。

---

① Robert B. Cialdini（1945—　）.

② Cialdidni，R. B.（2007）. *Influence*：*The Psychology of Persuasion*. HarperCollins，p. 17.

帮助是给予对方服务，送礼物是给予实物。在职场上，帮助因为其针对性（提供的帮助是对方需要的）和隐蔽性（提供的是服务而非实物），往往比送礼物更有效。

但是，如果你能注意以下几个方面，礼物也可能起到很好的作用。

- 针对性：你送的礼物应该投其所“好”，或者投其所“需”。
- 隐蔽性：你送的是个小礼物，尽量建立关系于“无形”之中。而且从时机上也体现出送礼物行为的隐蔽性：“我刚从日本出差回来，知道你喜欢书法，给你带了一个……”
- 精心性：尽管是个小礼物，但是你精心选择的。这可以体现在针对性上，也可以体现在其他方面，比如，附上一张手写的卡片。
- 奢侈性：你送的是一件“奢侈”的小礼物。你与其送一个低档的大礼物，就不如送一件高档的小礼物。

精心时刻

精心时刻也可以称为陪伴，就是创造共同经历，这是容易被管理者忽略的建立关系的方式。

精心时刻的三种方式

精心时刻的一种方式，就是前面提到的一对一会议。一对一会议的重要不仅在于交谈的内容，而且在于你通过愿意专门花时间在对方身上，表现了你的重视和关心。

精心时刻的另一种方式是一起游玩。一起去春游，一起吃个晚餐，哪怕是许多人一起，也是一种陪伴。如果是单独两个人一起，当然更体现了你的重视。这种方式通过建立私人关系（一般性人际关系）反过来影响工作关系（组织人际关系）。

对于管理者来说，精心时刻还有一种重要的方式，就是一起工作。采取这种方式的好处之一是容易采取，不占用工作之外的时间；之二是起作用的方式更加直接。

一起工作的三种形式

一起工作还可以细分为三种形式。

- 第一种是你陪伴别人的工作。比如，陪伴销售员拜访客户。这时，你的陪伴可能也有帮助的作用。
- 第二种是让别人陪伴你的工作。比如，你会见一个重要客户的时候，让一个你希望培养的销售员列席旁听。
- 第三种是共同参与一个项目。你作为项目的一个普通成员参加，这既是任务行为（了解公司项目实际运作情况），也是关系行为（让员工看到你是“我们”的一员，从而促进“我们”的关系）。

精心时刻起作用的机制

精心时刻主要通过两种机制起作用。

一种是安全机制，具体说就是熟悉效应。你单单只是多出现，就会让人更喜欢你。

另一种是喜欢自己机制。这个机制从两个不同的方面起作用：

- 比较明显的一个方面，是你陪伴对方，体现了对对方的重视，让对方更喜欢自己，从而更喜欢你。
- 比较微妙的一个方面，是你陪伴对方，你因此成为了对方经历的一部分，也就是对方的自我的一部分，对方因为喜欢自己而喜欢你（实际是喜欢对方自己）。

求　助

求助也许是最容易被管理者忽略的建立关系的方式。有技巧地向平级、上级、下级求助，都是建立关系的好策略。

求助的技巧

求助首先利用了喜欢自己机制。求助的主要技巧就是使用赞扬式求助，把求助变为赞扬。“我听说你特别擅长做 PPT，能不能给我这个 PPT 提提意见？”

反过来，也可以有求助式赞扬：“你做这个做得真好。你是怎么做到的，可不可以教教我？”这是讲赞扬时没有讲的一个赞扬技巧。

一致机制

求助还利用了另外一个比较隐蔽的心理机制——**一致机制：我们尽量保持思想、情感、行为的内部一致和彼此一致。**

心理学上有两个比较类似的理论，一个是平衡理论，另一个是认知和谐理论，可以认为都是一致机制的体现。西奥迪尼指出，一致是“我们行为的一个主要驱动力”。①

求助是这样利用一致机制的：A 向 B 求助，B 帮助了 A，也许 B 对 A 的帮助并不情愿，但是 B 的思想会尽力跟行为一致。B 之后（一般是无意识地）会这样想：既然我帮助了 A，那么 A 一定值得我帮助！

前面说过，“我可以帮你做什么”是建立关系的重要口诀。反过来，基于喜欢自己机制和一致机制，“你可以帮我吗”也是建立关系的口诀。

教　导

教导也可以用来建立和维护关系。

教导是一种特殊形式的帮助，是帮助他人成长。它跟其他形式的帮助不同，主要通过喜欢自己机制起作用。A 教导 B，B 得到了成长，B 因此更喜欢自己，所以也会更喜欢 A。

帮助他人成长往往是长期的过程，因此教导可能在长期起到促进关系的作用。

教导对关系的副作用

尽管教导有可能促进关系，但是因为以下原因，教导对关

① Cialdidni, R. B. (2007). *Influence: The Psychology of Persuasion*. HarperCollins, p. 59.

系可能产生副作用，更可能立竿见影地破坏关系：

- 首先，教导者往往处在“高人一等”的位置，这让被教导者感到不舒服。
- 其次，让对方成长一般需要建立在指出对方现有不足的前提下，这可能让被教导者更不喜欢那个指出自己不足的人。
- 最后，教导的成果——也就是被教导者的成长——往往是一个长期的、滞后的结果。被教导者在当下往往看不到成果，而看到成果的时候，被教导者很可能归功于自己，或者更近期的因素，而不是教导者很久之前的教导。

通过 GROW 模型教导

尽管有副作用，管理者必须教导。怎么在教导的同时不损害关系，甚至改善关系呢？前面讲到的可能破坏关系的三个原因，就是三点注意事项：

- 不要摆出高人一等的姿态；
- 不要强调对方现在有所不足的前提，而是强调对方可以进步的前景；
- 要创造快速可见的进步。

如果用前面讲到的 GROW 模型作为教导方式，就更可能建立关系：

- GROW 通过倾听和提问进行教导，避免了“我来告诉你”的高人一等的姿态；
- GROW 通过倾听和提问让对方主导谈话过程，让对方提出答案，突出的不是对方现有不足，而是对方实际上掌握所有的或者大部分答案；

- GROW 可以在短时间内在某个具体问题上创造成果。

通过 GROW 模型，让下属快速成长，而且下属的感觉是自己在成长，这是通过教导建立关系的重要途径。

关系策略背后的心理机制

人们有许多心理机制，是人类进化而来的基本心理倾向，在我们不一定意识到的深层次上影响着我们的态度和行为。

其中四种心理机制——安全机制、喜欢自己机制、互惠机制、一致机制——是跟关系密切相关的。

四种心理机制

我在前面分别讲述了这四种机制，现在集中回顾一下：

- 安全机制：我们需要安全，因此喜欢那些让我们感觉安全的人。
- 喜欢自己机制：我们喜欢自己，因此我们喜欢那些让我们更喜欢自己的人。
- 互惠机制：你对我好，我就会想要对你好。
- 一致机制：我们尽量保持思想、情感、行为的内部一致和彼此一致。

其中，安全机制带来熟悉效应：我们喜欢熟悉的人；喜欢自己机制带来相似效应：我们喜欢与自己相似的人。

运用多种机制的关系策略

关系策略通过这些心理机制起作用。在一种策略背后起作用的也许不止一种心理机制。

比如帮助，除了互惠机制之外，喜欢自己机制也可能起作用：帮助我们的人让我们更好地完成了任务，因此我们觉得自己更能干，更喜欢自己。

又比如精心时刻（陪伴），除了我们谈到的安全机制和喜欢自己机制之外，很可能还有一致机制：既然我经常跟他在一起，那么我应该比较喜欢他。

一种关系策略，如果更多的心理机制发挥作用，就很可能会更有效。

管理者建立和维护关系主要采用八种策略：交谈、一对一会议、赞扬、帮助、送礼物、精心时刻、求助、教导。这八种策略不只是对管理者适用，而是对每个人都适用。

第六章要点

1. 交谈促进关系的两个渠道。
2. 约哈里之窗。
3. 扩大公开区的四种交谈活动。
4. 熟悉效应。
5. 安全机制。
6. 相似效应。
7. 喜欢自己机制。
8. 上级跟下级交谈的技巧。
9. 一对一会议与交谈的区别。
10. 建立组织人际关系的谈话指南。
11. GROW 模型。
12. 倾听的八种技巧。
13. 赞扬的原则和主要操作方法。
14. 赞扬三段式。
15. 互惠机制。
16. 帮助的两个要点。
17. 送礼物的注意事项。
18. 精心时刻的三种方式。
19. 一起工作的三种形式。
20. 赞扬式求助与求助式赞扬。
21. 为什么教导可能损害关系?
22. 如何教导才能增进关系?
23. 一种关系策略往往运用多种心理机制。

第四讲

要事心智

第七章　最重要的管理原则

正如法约尔所说，管理就是计划、组织、指挥、协调和控制。管理者要做的第一件事情是计划。计划就是做事之前先问自己：我该做什么？

管理者该做什么？标准参考答案是两个字：要事。

这个答案来自最重要的管理原则。

一场争论

与管理者该做什么相关的一个问题，是管理者实际在做什么。这两个问题，涉及管理思想史上一场重要的争论。

两个亨利之争

这是管理思想史上有名的争论，有人称之为“亨利与亨利”之争。①

① Lamond, D. (2004). A Matter of Style: Reconciling Henri and Henry. *Management Decision*. 42 (2): 330-356.

欧洲的亨利

法约尔是法国人，全名叫亨利·法约尔。他的经典著作《工业管理与一般管理》于1916年在法国发表，于1949年正式出版英文版。

他的思想传播到英文世界之后，管理五要素就成为主宰性观点，此后的管理教科书大多以法约尔的管理要素作为编写的框架。

北美的亨利

20世纪60年代末，加拿大人亨利·明茨伯格在美国读管理博士，基于自己对五个管理者的跟踪观察，完成了自己的博士论文。

在博士论文的基础上，明茨伯格在1971年发表了自己的管理者角色模型，说“法约尔50年来对管理工作的描述，对我们不再有用了”。①

1973年，明茨伯格出版了专著《管理工作的本质》，详细阐述了自己的管理者角色模型。明茨伯格因此而成名。

争论的结果

明茨伯格的管理者角色模型，就是要颠覆法约尔的管理要

---

① 转引自Carroll，S. J.，& Gillen，D. J.（1987）. Are the Classical Management Functions Useful in Describing Managerial Work? *Academy of Management Review*. 12（1）：38-51.

素（职能）模型。因为法约尔死得早，其实这不是争论，而是小亨利对老亨利的挑战。因为法约尔无法还手，明茨伯格在争论中还使了点阴招。①

这个挑战的结果，我觉得正如后来的一篇论文标题所说，是“法约尔经受住了时间的考验”。②

明茨伯格也没吃亏，他因此而成名，几乎每本管理教科书都会提到他的管理者角色模型。但是，这些教科书却是以法约尔的管理要素为框架来编写的。

管理者角色模型

我们来看看明茨伯格的管理者角色模型。

管理者的十种角色

明茨伯格观察发现，管理者实际做的事情不是计划、组织、协调和控制，而是在做十类事情。明茨伯格称之为管理者的十种角色，可以概括为三个大类：

---

① 明茨伯格对法约尔的批评有明显欠缺公正的地方。比如，法约尔明明谈到的是五大要素，但是明茨伯格偏偏只提计划、组织、协调和控制（如《管理工作的本质》中文版第 5 页、第 15 页），避而不谈指挥，大概因为明茨伯格自己概括出来的领导者角色跟指挥几乎等同。又比如，明茨伯格在晚期著作《明茨伯格管理进行时》中攻击“法约尔认为管理是控制”（中文版第 48 页），这既跟自己以前对法约尔的批评前后矛盾，也跟事实不符（法约尔一直强调五大要素，而在这五大要素中使用最多篇幅谈论的是组织）。

② Fells, M. J. (2000). Fayol Stands the Test of Time. *Journal of Management History*. 6 (8): 345-360.

- 三种人际关系角色：名义首脑、领导者、联络人；
- 三种信息角色：监控者、传播者、发言人；
- 四种决策角色：企业家、故障排除者、资源分配者、谈判者。

这三类角色是这样的关系：这是一个投入产出系统。权力和地位赋予管理者人际关系，从而带来投入（信息），反过来又带来产出（信息和决策）。如图 7-1 所示。

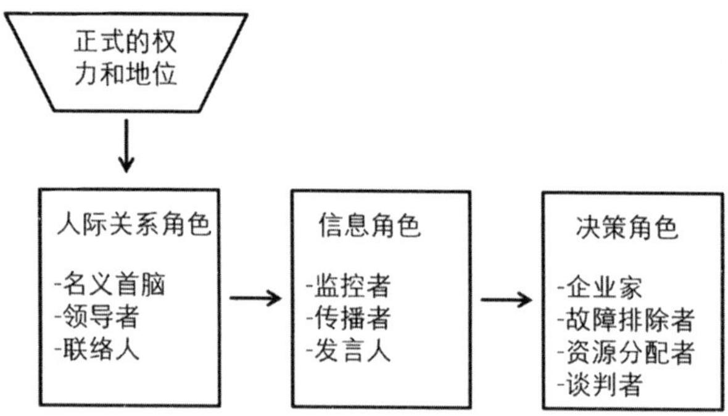

图 7-1　明茨伯格的管理者角色模型

来源：明茨伯格（2017），第 75 页。

结构化观察与如影跟随

我认为，明茨伯格这项研究的贡献在于其方法，而非其结果。明茨伯格称其研究方法为“结构化观察”。他跟着五个管理者观察、记录他们的活动，这是来自人类学者的研究方法，只不过人类学者不强调跟踪，他们一般假设研究对象是待在一个地方的。

后来，管理学者沙尼沃斯卡称“如影跟随”(shadowing) 是管理和组织研究中“最好的田野技术”。① 不仅可以“如影跟随”一个人或者一些人，而且可以“如影跟随”一个产品、一份报告（如医院的化验单、公司的一张发票）等等来做管理研究。

对管理者的误导

如果你是管理学者，可能觉得明茨伯格的模型，尤其是研究方法，有一些启发。如果你是管理者，你更可能因为下面几个原因，被这个模型误导。

角色与活动

首先，它对角色这个词的使用是随意的。它谈论的其实不是角色，而是活动或者任务。

角色这个词从戏剧中借用而来，应该像德鲁克所说的“管理者既是作曲家又是乐队指挥”② 或者“更像是家长或者老师”③ 一样，用另外一个社会角色，从隐喻的意义上启发管理者。

---

① Czarniawska, B. (2014). Why I Think That Shadowing is the Best Field Technique in Management and Organization Studies. *Qualitative Research in Organizations and Management: An International Journal*. 9 (1): 90-93.

② 德鲁克（2007),《管理：使命、责任、实务（实务篇）(中英文双语典藏版)》，王永贵译，机械工业出版社，第 264 页。

③ 德鲁克（2009),《管理的实践（中英文双语珍藏版)》，齐若兰译，机械工业出版社，第 568 页。

这另外一个角色（比如作曲家或者乐队指挥）具有公认的社会认知，指向一整套典型性格、典型活动或者一整套其他特征。这些特征——比如乐队指挥使用统一的总谱来协调活动、把乐队成员按照擅长分工、自己并不比成员更擅长演奏乐器——可以给管理活动以启发。

然而，明茨伯格所说的大多数角色其实只是一项活动或者一种任务，不是内涵丰富的角色。比如，他所说的“企业家”①角色指的只是发起决策这项活动，所说的“发言人”角色只是代表组织或者团队对外传递信息这项任务。

管理者角色模型谈论的其实是活动，而且不是管理的本质活动。

表象与本质

法约尔模型说的也是活动或者任务，而非角色。但是，明茨伯格观察到的是表象的活动，法约尔则概括了现象之下的本质。如艾柯夫所说，桌子是由原子组成的，“桌子能被体验，而原子则不能”。②明茨伯格的管理者角色模型体验到的是桌子，而非原子。

明茨伯格看到的最大的表象，是把管理等同于担任管理职位的人的活动。

---

① 这里的“企业家”是对entrepreneur的直译，跟汉语中通常所说的“企业家”的意思不太一样。

② 艾柯夫（2007），《艾柯夫管理思想精华集》，胡继旋等译，上海三联书店，第190页。

他的管理者角色模型，如图 7-1 所示，以职位为出发点。比如，所谓名义首脑的角色，就是代表自己主管的部门或者单位出席领奖、颁奖、剪彩、典礼等活动；所谓领导者的角色，就是上级对下级的人际关系角色。

职位是管理的表象，而非本质。担任管理职位的人的许多活动是管理活动，但并非所有活动都是。

如果你跟踪观察一个政府官员，也许发现他上班时间在打麻将，或者在收受贿赂。尽管这些是他实实在在的活动，但不是政府官员的本质活动。

法约尔早就指出，作为管理本质活动的计划、组织、指挥、协调和控制，“不是企业一把手和高管的专享特权或者特有责任”。[①] 管理职能常常是由担任管理职位的人行使，但并不必然如此。

系统与局部

如果管理不是担任职位的人的活动，那么管理到底是什么？组织是为了实现某个目的而建立起来的系统，管理的本质就是围绕这个目的而实现目标的活动。

要实现这个目的，就需要：

- 计划：我们需要实现哪些具体的目标？
- 组织：为了实现目标，我们需要哪些资源？怎么把这些

① Fayol, H. (2013). *General and Industrial Management.* Translated by C. Storrs. Mansfield Centre, CT: Martino Publishing, p. 6.

资源，尤其是人力资源，组织起来？

- 指挥：怎么让员工行动起来去实现目标？
- 协调：怎么让大家的行动指向同样的目标？不同部门和个人的局部目标冲突该怎么办？
- 控制：如果偏离了目标怎么办？

为了实现未来目标，组织管理一般会包括计划、组织、指挥、协调、控制。这些活动常常是由担任职位的人来做。实际上，之所以设立职位，就是为专人提供权力和资源，让他们负责从事这些重要的活动。

尽管这些活动常常由有职位的人来做，但是这些活动才是核心，职位只是这些活动的载体。没有担任职位的人，也可以从事这些活动，而且往往也需要从事这些活动，那他们也就是管理者。

法约尔的管理五要素模型才抓住了管理的本质。他是从系统出发来看待局部（管理者）的工作。德鲁克、马利克等人也是如此，因此不管他们称之为管理者的任务或者工作，而法约尔称之为管理的要素或职能，最后得出的结论都大同小异。

明茨伯格则是从局部出发来看待局部，就好像离开人体来理解手的作用。当然，明茨伯格的模型不是完全没有用。从局部看局部也可能是必要的，但是其用处必须以从整体看局部为前提。

“在做什么”与“该做什么”

有些学者在比较：到底是明茨伯格还是法约尔的模型在实

证研究中更好用。还有些学者在调和：认为两个模型并不冲突。这些学者都没有抓住要点。

正如马利克所指出的，明茨伯格“完全忽略了最主要的问题”。① 要点是：**管理者实际在做什么并不重要，管理者真正该做什么才重要。**明茨伯格也许描述了管理者在做什么，② 法约尔才指引了管理者该做什么。

管理者也许在出席剪彩典礼、担任评奖嘉宾、接待来访客人，但是管理者该计划、组织、指挥、协调、控制。

本书中讲的其他模型，都是因为有用而介绍给大家的，希望大家用。明茨伯格的管理者角色模型是个例外。这个出现在各种管理教科书中的模型是因为误导而介绍给大家的，希望大家不要用。

当然，我说这个模型误导大家，这只是我的参考答案。

二八法则

明茨伯格看到管理者实际在做很多事情。法约尔、德鲁克等人则看到，管理者真正该做的，或者说真正该用心去做的，只是少数事情。

要真正明白这个道理，我们需要知道二八法则。

---

① 马利克（2009），《管理成就生活》，李亚等译，机械工业出版社，第108页。

② 也有许多学者认为明茨伯格对“管理者实际在做什么”的描述也并不准确，他们从样本选择、研究方法等角度提出了许多质疑。不过这不是要点。

三个二八法则

一般认为二八法则是一个法则。我发现，二八法则其实是三个法则，强调的重点各有不同。

帕累托法则

二八法则又叫帕累托法则，常常被说成是意大利经济学家、社会学家帕累托①发现的。帕累托其实没有发现二八法则，但是他发现了一个有趣的现象：19 世纪的英国的大部分财富集中在少数人手里。这个现象尽管有趣，但并不令人惊讶。

帕累托的另外两个发现就令人惊讶了：

- 第一，人口的百分比与其享有财富的百分比的数学关系是一定的。比如说，如果 20% 的人口享有 80% 的财富，那我们可以很有把握地推测：10% 的人口享有 65% 的财富，5% 的人口享有 50% 的财富。具体的数字不重要，重要的是：财富在人口中的分布呈现可预测的不均衡状态。
- 第二，以上发现对其他国家、其他历史阶段同样成立。②

如果我来概括帕累托法则，就是：少数人享受了多数成果。

最小努力法则

帕累托的发现是在 20 世纪初。到了 1949 年，语言学家齐

---

① Vilfredo Pareto（1848—1923）.

② 关于帕累托法则的阐述主要参考了 Koch，R.（2008）. *The 80/20 Principle：The Secret to Achieving More with Less*. Doubleday.

普夫①提出了“最小努力法则”：资源（人力、商品、时间、技能等）会以节约努力的方式安排自己，使得20%—30%的资源投入产生了70%—80%的相关产出。② 比如，少数的词汇组成了我们大多数的日常语言。

如果我来概括最小努力法则，就是：为了省事，我们用少数投入创造多数成果。

关键少数法则

质量管理大师朱兰③发现帕累托法则不仅适用于财富分布，而且是常见的社会现象，比如极少数人犯下大部分罪行。

朱兰认为这条法则的核心是“关键的少数与无关紧要的多数”④，因此也称之为“关键少数法则”⑤。

朱兰发现“小部分的质量特质造成了大部分的质量损失”。⑥ 或者说，大多数的质量缺陷都是少数的错误造成的，只要着力于消除这些“关键少数”，就能够挽回大多数的质量损失。朱兰将这条法则在管理中推广开来。

---

① George K. Zipf (1902—1950).

② Koch, R. (2008). *The 80/20 Principle: The Secret to Achieving More with Less.* Doubleday, p. 7.

③ Joseph M. Juran (1904—2008).

④ 朱兰 (2004),《朱兰自传》，上海朱兰质量研究院译，中国财政经济出版社，第148—149页。

⑤ Koch, R. (2008). *The 80/20 Principle: The Secret to Achieving More with Less.* Doubleday, p. 8.

⑥ 转引自 Koch, R. (2008). *The 80/20 Principle: The Secret to Achieving More with Less.* Doubleday, p. 45.

如果我来概括关键少数法则，就是：因为关键，少数原因造成了多数结果。

三个法则的不同

三个二八法则，关注点不同：

- 帕累托法则关注的是结果分布的不均衡。
- 最小努力法则关注的是为了省事，投入集中在少数资源上面。比如我有 20 双鞋子，但是我最常穿的只是其中两双。
- 关键少数法则关注的也是带来大多数结果的少数投入，但是它跟最小努力法则不一样。最小努力法则关注的是用得多的少数，而关键少数法则关注的是影响大的少数。这些关键因素影响大，但不一定用得多。

抓住关键少数

关键少数法则才是在管理上真正重要的二八法则。

二八法则的要点

从字面上理解，二八法则说的是 20% 的原因，带来 80% 的结果。要注意这里的 20% 和 80% 分别属于两个不同的 100%，前者是 100% 的原因中的 20%，后者是 100% 的结果中的 80%。如图 7-2 所示。

但是，二八法则不能从字面上理解。它说的就是**少数原因带来多数结果**。

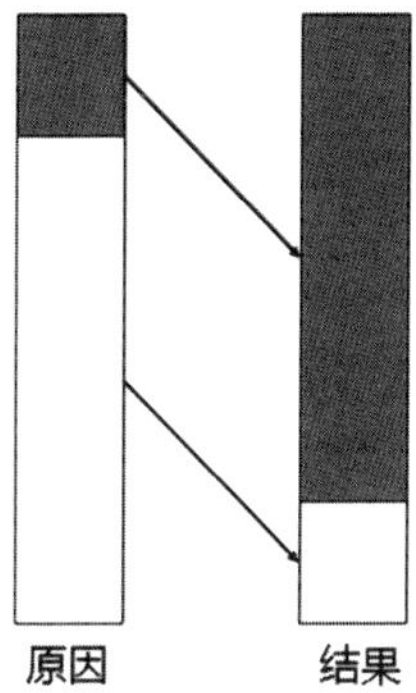

图 7-2　二八法则

来源：本书作者改编自 Koch（2008）。

它可以是 10% 的原因带来 70% 的结果，也可以是 30% 的原因带来 60% 的结果，还有可能是 1% 的原因带来 90% 的结果。这些原因之所以带来不成比例的结果，是因为它们是关键因素。

在一个系统之中，互相关联的各个元素的重要性并不相等。往往有少数元素产生了极大的影响力，这些就是关键因素。我们并不一定发现并重视了这些因素。

二八法则的要点很简单：**抓住关键少数！**

二八法则的应用

二八法则在个人生活和组织生活中处处可见。

比如，我们一生中要做无数决策，但是对我们人生产生重大影响的决策大概不会超过 20 个：你选择哪所大学？你选择的第一个工作是什么？你跟谁结婚？……

我们在做出这些关键决策时，花费的时间肯定大于决定今晚看哪场电影花的时间。但是，我们很可能没有花上足够的时间。

就好像我们要买一台价值 1 万元的电脑，花费在挑选上的时间往往会大于挑选一个价值 100 元的 U 盘，尽管前者会比后者多，但往往不会超过 10 倍，绝对不会达到 100 倍。

要应用二八法则，我们需要做到两点：**首先，发现关键少数。然后，聚焦于关键少数。**

首先，发现关键少数。在个人生活中我们知道跟谁结婚是个关键因素，在组织生活中，我们往往连哪些因素是关键因素都不知道。

朱兰告诉我们少数质量错误带来多数质量损失，可是，这少数质量错误是哪些呢？

少数客户带来多数收入或者利润，这个道理现在几乎成了常识了。可是，这少数客户是哪些呢？

少数员工创造多数业绩，这也几乎是个常识了。可是，这少数员工是哪些呢？

然后，就是聚焦于关键少数。我们发现了那些创造多数业绩的少数员工，我们应该怎样对待他们？我们发现了那些带来多数收入的少数客户，我们应该怎样对待他们？

聚焦于关键少数

聚焦于关键少数，这是最重要的管理原则。

企业家的心得

一些企业家早就发现了聚焦关键少数的重要性。

卡内基

19 世纪下半叶成为钢铁大王的卡内基①这样说“成功的黄金法则”：

> 那就是把你的精力、思想和本钱全部集中在你所做的事情上面。瞄准一个目标前进，并下定决心为了实现那个目标而拼到底。②

卡内基反对把鸡蛋放在不同的篮子里：

> 绝不应该分散自己的注意力……将你所有的鸡蛋放在一个篮子里，然后看好这个篮子，这才是真正的原则——一切原则中最有价值的一条。③

福特

20 世纪上半叶成为汽车大王的福特说：“一次只坚持一个主

---

① Andrew Carnegie（1835—1919）.

② 转引自凯勒、帕帕森（2015），《最重要的事，只有一件》，张宝文译，中信出版社，Kindle 版。

③ 转引自雷恩、贝德安（2014），《管理思想史（第六版）》，孙健敏等译，中国人民大学出版社，第 115 页。

意，这是一个人能做好事情的最重要的基础。”①

福特是位天才的机械师，在 15 岁时就可以完成修表的各种工作。福特擅长各种机械工作，但是他聚焦在了汽车上。

乔布斯

苹果公司创始人乔布斯②是最引人注目的企业家之一。你很可能知道这个故事：他被自己创办的苹果公司开除了；后来情况已经不妙的苹果公司又把他请了回去；他最终带领苹果公司创造出 iPod 和 iPhone 等伟大的产品。

乔布斯的成功秘诀是什么？聚焦。乔布斯说：“决定不做什么跟决定做什么同样重要。”③

他 1997 年回归苹果公司之后，发现公司有几十个产品团队，每个产品都可能有若干个版本。他说：“这真是疯了。”他在白板上画了一个矩阵，如图 7-3。

乔布斯说：我们的工作就是做四个伟大的产品，每格一个。最终，乔布斯冲破重重阻力做到了。

另一个体现乔布斯聚焦的事例是：他每年会带上最重要的一百名员工外出开一次会，讨论：“我们下一步应该做的十件事情是什么？”经过好几轮辩论，大家会确定前十大“最应该做的

① 福特（2012），《为人生加速：福特自传》，李伟译，安徽人民出版社，Kindle 版。

② Steve Jobs（1955—2011）.

③ 艾萨克森（2011），《史蒂夫·乔布斯传》，管严圻等译，中信出版社，第 308 页。

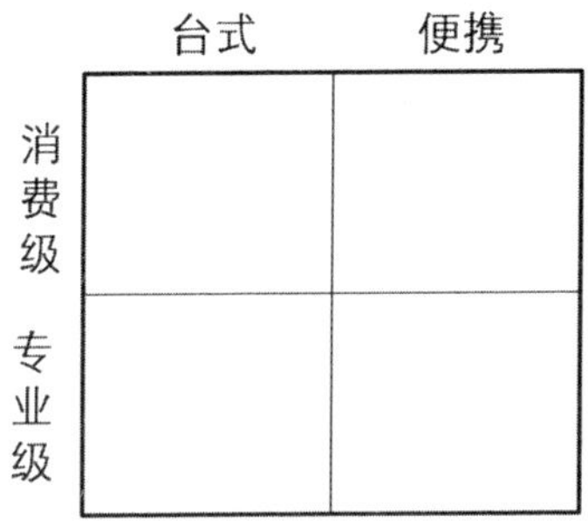

图 7-3 乔布斯的产品矩阵

来源：本书作者根据艾萨克森（2011）第 309 页绘制。

事情”。然后乔布斯会把后面七件划掉，宣布：“我们只能做前三件。”①

管理学者的发现

许多管理学者也强调聚焦，不过表述方式略有不同。德鲁克强调要事第一，马利克强调聚焦关键，柯林斯强调刺猬理念。

唯一秘诀：要事第一

德鲁克说：“如果卓有成效有唯一秘诀的话，那就是聚焦。卓有成效的管理者做事是要事第一，而且他们一次只做一

① 艾萨克森（2011），《史蒂夫·乔布斯传》，管严圻等译，中信出版社，第 348—349 页。

件事。”①

必在其首的秘诀：聚焦关键

马利克说：“很多管理者以及相当一部分管理学文章，都在孜孜不倦地寻求奇迹般的管理秘诀。这是一种没有任何用处的冒险行动。但是，如果真有这种秘诀存在，‘聚焦关键’必在其首。”②

从一般到伟大：刺猬理念

柯林斯对刺猬理念的命名，来自哲学家伯林③对狐狸和刺猬两种人的区分：

- 狐狸同时追求许多目标，能够看清世界的复杂性，从未将思想整合为一个概括的理念或者统一的图像。
- 刺猬把复杂的世界简化为一个基本的原则，一个整合并指导所有事物的理念。刺猬并非头脑简单，而是具有敏锐的洞察力，能够穿透事物的复杂性，认清隐藏的模式。

柯林斯发现，实现了从一般到伟大的跨越的公司的共同点之一是，它们都有刺猬理念：找到自己要做的那一件大事，然后抱住不放。这些公司中有些本来是多元化公司，但是它们都

---

① 德鲁克（2005），《卓有成效的管理者》（中英文双语典藏版），许是祥译，机械工业出版社，第221页。

② 马利克（2009），《管理成就生活》，李亚等译，机械工业出版社，第61页。

③ Isaiah Berlin（1909—1997）.

是变成专业化公司之后，才实现了从一般到伟大的跨跃。①

聚焦要事

聚焦关键少数，德鲁克说这是“唯一秘诀”，马利克说这是“必在其首”的“奇迹般的管理秘诀”。我同意。

如果用这个秘诀来回答“管理者该做什么”，答案就是：聚焦要事。**管理者应该聚焦在关键的少数要事上。**

关键少数和要事，本来就是一回事。要事就是那关键的少数。

可是，怎么发现那些关键的少数呢？也就是说，要事的定义是什么？

界定要事

许多管理者已经知道要事优先或者要事第一这个说法。但是，什么是要事？要事和必要之事、紧急之事有什么区别？大多数人并不很清楚。

要事的定义

要事就是重要之事。更具体地说，**要事是具有长期影响或者全局影响的事。**

---

① Collins，J.（2001）. *Good to Great：Why Some Companies Make the Leap … and Others Don't*. HarperCollins.

两个标准

判断要事就是两个标准：

- 时间上的长度：影响的时间有多长？是暂时、短期还是长期？
- 范围上的广度：影响的范围有多大？是个别、局部还是全局？

所谓要事是相对而言。A 事有 1 个月的影响，B 事有 1 年的影响，B 事相对 A 事就有更长期的影响，就更重要。C 事影响 1 个人或者 1 个部门，D 事影响 10 个人或者 10 个部门，D 事相对 C 事就有更全局的影响，就更重要。

四个象限

根据这两个标准，我们可以画出要事的四个象限（图 7-4）：

- 第一个象限的事情，既有长期影响，又有全局影响。
- 第二个象限的事情，是只有长期影响，没有全局影响。
- 第三象限的事情，只有全局影响，没有长期影响。
- 第四象限的事情，只有个别影响和暂时影响。

显然，第一象限的事情最重要，第二、三象限次之，第四象限相对其他三个象限不重要。

不难想到，在原点附近还应该有处于长期影响和暂时影响之间的短期影响，以及处于全局影响和个别影响之间的局部影响。

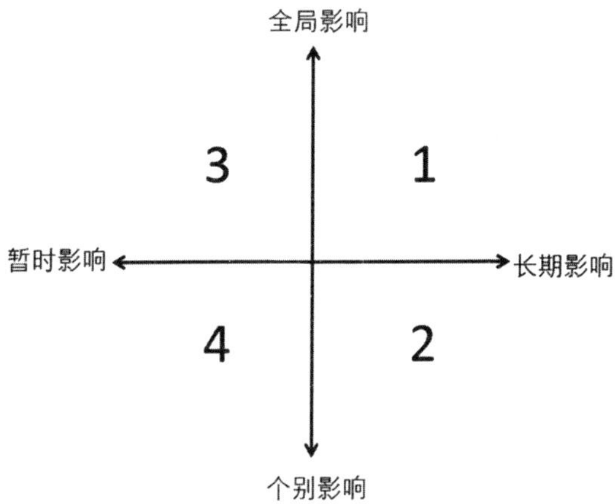

图 7-4　要事的四个象限

来源：本书作者。

一些事例

下面举出一些事例，帮助大家更好地理解要事的四个象限。

第一象限（长期影响+全局影响）的事例有：

- 制定和修改战略、计划
- 关键岗位的人事安排
- 关于消费者和竞争对手的信息搜集
- 管理优化
- 培训
- 为普遍性问题制定标准、先例
- 全局性的制度的建立

第二象限（长期影响+个别影响）的事例有：

- 局部战略和计划的调整
- 非关键岗位的人事安排
- 对下属的个别教练
- 对下属的个别表扬
- 一些关系的建立和维护
- 为个别问题制定标准和先例

第三象限（暂时影响+全局影响）的事例有：

- 一些关系的利用
- 针对临时危机的处理
- 关键岗位的过渡性人事安排
- 大客户的某些订单
- 某些团队建设活动

第四象限（暂时影响+个别影响）的事例有：

- 个别人的个别问题
- 重复性操作
- 偶然失误
- 偶然建立的临时关系

格鲁夫的杠杆率概念

格鲁夫提出了管理活动的“杠杆率”的概念，跟我说的要事概念基本上是一回事。他认为，经理人要做高杠杆率的活动。达成高杠杆率大致有三种情况：

- 当一个经理人可以同时影响很多人时；
- 当一个经理人一个简单的动作或一段简短的话，可以对别人产生长远的影响时；
- 当一个经理人所提供的技术、知识或信息，会对一群人的工作造成影响时。[①]

显然，格鲁夫的第一种情况就是影响的范围，第二种情况就是影响的时间。我也考虑过，格鲁夫说的第三种情况——也许可以说成是影响的强度——是否可以成为单独的一个维度呢？我思考的结果是：不能，或者说没有必要。影响的强度可以由影响的长度和广度来说明。

格鲁夫举的第三种情况的例子之一是营销人员对产品的定价。[②] 但是定价这件事之所以重要，一是因为影响的时间长，一旦定价就不会轻易改动；二是因为影响的范围广，影响所有销售人员的销售。所以，影响的强度可以用影响的长度和广度来解释。

不过，我们可以记住杠杆率这个形象的概念。之所以要抓住要事，就是因为它们有高杠杆率，可以四两拨千斤。你使出

---

① 格鲁夫（2007），《格鲁夫给经理人的第一课》，巫宗融译，中信出版社，第45页。

② 格鲁夫（2007），《格鲁夫给经理人的第一课》，巫宗融译，中信出版社，第48页。

四两的力气，但是通过杠杆的传导，这四两的力气会在时间（长度）和空间（广度）上放大，最终起到一千斤的作用。

要事的特征

即使知道了要事的两个标准，要事也不是那么容易界定的。我继续说一说要事的特征。

区分重要与紧急

要事的特征之一是：**紧急的事往往不是要事。**

对紧急的事情有比较明确的判断标准：截止日期越靠前的事情越紧急。我们讲过按照紧急和重要两个维度建立起来的时间管理矩阵（图 1-4）。有趣的是，真正又紧急又重要的事情是很少的。

一般说来，紧急的事情往往不重要。一个事情很紧急，是因为它在当下很重要。在当下很重要，就是在此时此刻、此情此境很重要。那么，它脱离了此时此刻（从长期来说）、此情此境（从全局来说）往往就不是那么重要。

当然也有紧急的事情同时也很重要的情况。比如一个人突发心脏病，那么把他赶紧送到医院，就既紧急，又重要。但是这种情况并不多。大多数的紧急情况，都类似于“我马上要错过班车了”这样的紧急情况。

反过来说，重要的事情往往不紧急。比如，锻炼身体是要事，它既有长期的影响，又有全局的影响，但是它并不紧急。

区分重要与必要

要事的特征之二是：**必须要做的事往往不是要事。**

因为图 2-1 的时间管理矩阵还比较流行，许多经理人知道区分重要与紧急。但是他们容易混淆重要与必要。

比如，一个餐厅需要办理消防、卫生等各种许可证，如果办不下来，餐厅不能营业。办证是重要之事吗？我的答案是：不是。办证是必要之事，但不是重要之事。

但是有人可能会问：如果办不下来，餐厅不能营业，这难道不是长期的影响和全局的影响吗？我的答案是：这是必要之事的特征，而非重要之事的特征。

一个事情不做（比如办许可证），别的许多事情就“做不了”，那么这是必要之事。一个事情不做（比如培训员工），别的许多事情就“做不好”，那么这是重要之事。①

反过来说，你做了必要之事（比如办许可证），你的餐厅并不能办得比别人更好。你在必要之事上花更多的时间，也不会取得更好的结果，也就是说，必要之事并没有放大效应。

但是，你做了重要之事（比如培训员工），你的餐厅就可能办得比别人更好。你在重要之事上花更多的时间，就可能取得更好的效果。重要之事有长期的影响和全局的影响，这个影响是有放大效应的。

---

① 对必要之事与重要之事的区分，有些类似于关于激励的“双因素理论”之中对保健因素和激励因素的区分。

马奇喜欢说："如果厕所坏了，没有哪个组织能够正常运转。"① 这是对的。但是要注意，维护厕所只是必要之事，不是重要之事。没有哪个组织是因为厕所维护得好而变得卓有成效的。

区分间接与直接

要事的特征之三是：**直接起作用的事往往不是要事。**

要事有长期的影响和全局的影响，因此要事往往不会直接起作用。要事起作用在时间上可能是间接的，今天培训员工，可能要后天才起作用。要事起作用在空间上可能也是间接的，研发部门改进了产品设计，业绩最终在销售部门体现出来。

因此，判断要事的时候需要有系统思考的视角：把整个组织以及组织的外部环境看作一个系统，把组织的昨天、今天和明天也看作一个系统。

区分容易与困难

要事的特征之四是：**很容易的事情往往不是要事。**

反过来说，要事做起来往往很费力、很困难。要事的困难性可以体现在三个方面：

- 花的时间会比较多：比如，相对于销售产品来说，研

---

① 马奇（2010），《马奇论管理》，丁丹译，东方出版社，第10页。

发产品才是更重要的事。但是，研发产品需要花费比较多的时间。

- 花的时间会比较久：比如，锻炼身体对于个人来说是要事。每天花费在锻炼身体上的时间不一定要很多，但是必须坚持比较久的时间，锻炼身体才有效果。
- 需要一定的技能：相对于不重要的事情，重要的事情往往要求更高的技能。

要事最有趣的特征

要事的特征之五是：**要事往往被我们忽略。**

尽管要事是重要之事，是我们应该重视之事，但是要事往往被我们忽略。这是要事最有趣的特征，也可以说是最有反讽意义的特征。

为什么我们会忽略要事？我们可以从要事的前面几个特征找到答案：

- 因为要事往往不紧急，所以我们的大脑往往被紧急之事所占据，而忽略要事。
- 因为要事往往不是非做不可，所以我们的大脑往往被必要之事所占据，而忽略要事。
- 因为要事往往不是直接起作用，所以我们在时间和空间上都近视的大脑会忽略要事。一方面，要事起的好作用往往不是当下发生的；另一方面，忽略要事所起的坏作用也不是当下发生的。

• 因为要事往往是困难之事，所以我们贪图省事的大脑会因为畏难情绪而忽略要事。

要事的其他特征

因为要事以上的特征，我们还可以概括出要事的其他一些特征：

• **大家都在做的事情往往不是要事。**因为要事容易被忽略，所以不会是大家都在做的。比如坚持锻炼身体这件事，做的人只是少数。

• **你天天都做的事情往往不是要事。**天天都做的事情，比如吃饭、上厕所，不是要事，而是必要之事。

• **有人会催你做的事往往不是要事。**有人催你做的事往往是紧急的事，而且是对他来说紧急或者必要的事。

• **有人会奖励你做的事往往不是要事。**有人奖励你做的事往往都是立竿见影的事。你今天销售一个产品，月底就会拿到提成。你现在培训员工，效果可能要很久才能看到，而且看到效果的时候，大家不一定会认为是你当初培训的功劳。但是销售产品一般不是要事，而培训员工一般是要事。

聚焦要事的两个问题

聚焦要事，不能只是知道要事的定义。聚焦要事，要求回答两个问题：哪些事是要事？怎么做才是聚焦？

这是下一章的内容。

第七章要点

1. 管理思想史上的“两个亨利之争”。
2. 明茨伯格的管理者角色模型。
3. 管理和组织研究中“最好的田野技术”。
4. 管理者角色模型对管理者的误导。
5. 管理者角色模型最大的误导。
6. 三个二八法则的不同。
7. 二八法则的要点（最重要的管理原则）。
8. 柯林斯的刺猬理念。
9. 要事的定义（两个标准）。
10. 要事的四个象限及例子。
11. 区分要事和紧急之事。
12. 区分要事和必要之事。
13. 为什么要事反而容易被忽略？
14. 要事的其他特征。

第八章　聚焦要事

管理者该做什么？聚焦要事。接下来的两个问题就是：哪些事是管理者的要事？怎么做才算聚焦？

我们先回答第一个问题：哪些事是管理者的要事？答案当然是看情况，要看职位高低、职能重点、入职时间长短、团队成熟度……需要看的具体情况很多。

不过，以下五类事情，可以作为管理者要事的标准参考答案，是管理者的要事清单：

- 人
- 制度
- 学习
- 计划和总结
- 市场

我们一个一个说。

人是要事

人是要事。人的要事可以再分为两种：人事与关系。

人事

人事是要事。广义的人事指人力资源涉及的各个方面，狭义的人事指在什么位置上用什么人的决策，包括聘用和解聘、升迁、调职等。我这里说的是狭义的人事。

人事既有长期的影响，又有全局的影响，当然是要事。我们甚至可以说：人事是最重要的要事。

法约尔：全部问题的一半以上

早期的管理思想家朦朦胧胧地认识到这一点。1898 年 7 月 29 日，担任一家大型公司总经理的法约尔在日记中写道："在企业管理中，关于（如何管理）人的问题占全部问题的一半以上。"①

在那个时代，法约尔算是相当激进了，尤其是——即使按照今天的标准来看——他的公司（经营着煤矿、铁矿、钢铁厂和锻造厂）并不是通常所说的"以人为本"的公司。

柯林斯：十分之七应该是人的决策

今天的管理思想家比法约尔看得更加激进。一个多世纪后，

---

① 雷恩、贝德安（2014），《管理思想史（第六版）》，孙健敏等译，中国人民大学出版社，第 261 页。

在我就领导者的角色向柯林斯提问时，他的回答是：

> 我们的研究清楚表明，首要的角色是对人的选择。在你职业生涯的尽头，如果有人问你：作为一个领导者，你最重要的10个决策是什么？那么其中至少7个应该是关于人的决策，关于在关键时刻把谁放到关键位置上的决策，关于聘用关键人选的决策。①

让我再重复一遍：10个重要决策里，至少有7个应该是关于人的决策。

从一般到伟大的公司先人后事

法约尔谈的是他管理一家大公司的感受，柯林斯讲的是他深入研究11家公司的结果。在1435家公司中，只有这11家公司实现了从一般到伟大的跨跃。它们的共同点除了前面说到的第五级领导者、刺猬理念之外，还有——先人后事。②

这些公司的第五级领导者不是首先决定把车开向何方，然后再找人上车。相反，他们先让正确的人上车，并且让错误的人下车，然后再想清楚把车开向何方。他们懂得三个简单的道理：

---

① 刘澜（2016），《领导力的第一本书：听大师讲领导力》，机械工业出版社，第105-106页。原书不恰当地把decision翻译为“决定”，这里改为“决策”。参见下文关于决定和决策的区别部分。

② 柯林斯称之为First who…then what。

- 先人后事，才能更为容易地适应一个变化的世界；
- 如果在车上的是正确的人，那么激励人和管理人的问题基本上不存在了；
- 如果在车上的是错误的人，那么你的方向是否正确其实无关紧要了，因为你很可能无法把车开到那里。①

人事决策的长期影响

德鲁克曾经讲过一个据说是他亲自观察到的事例：通用汽车公司当时的 CEO 斯隆②花了很长时间跟其他高管讨论一个低级职位的人事任命。德鲁克对此表示不解。斯隆的答复是：如果现在不花这么多时间安排好这个职位，以后会花百倍的时间来收拾一个烂摊子。③

斯隆对人事决策的长期影响的重视，显然给了德鲁克深刻的印象。德鲁克后来说：**“所有其他的决策，都不如人事决策造成的后果持续时间更长，更难以消除。”**④

事情都是人做的。只有把人用对了，事情才可能做对。把重点放在一件一件的事情上，是鼠目寸光；把重点放在那些做一件件事情的人上，才是高瞻远瞩。

---

① Collins, J. (2001). *Good to Great: Why Some Companies Make the Leap … and Others Don't*. HarperCollins, p. 42.

② Alfred P. Sloan (1875—1966).

③ 德鲁克 (2009),《旁观者：管理大师德鲁克回忆录（珍藏版）》，廖月娟译，机械工业出版社，第 276 页。

④ 德鲁克 (2009),《管理前沿（珍藏版）》，闾佳译，机械工业出版社，第 86 页。

很多问题，看起来是战略问题、执行问题、制度问题、流程问题，其实都是人事问题。

人事决策的全局影响

人事决策的重要性不仅在于其长期影响，更在于其全局影响。人事决策的全局影响有两种：

- 其一是来源于关键职位的人事决策的全局影响，来自关键职位本身在组织系统中的影响力；
- 其二是关键职位和非关键职位的人事决策都有的全局影响，来自这些决策传递的企业文化信息：我们组织看重什么样的人。

企业文化之父沙因指出："最微妙同时也是最有力的植入和延续领导者所奉行的文化假设的方式之一就是甄选新员工的过程。"① 领导者如何招聘、选拔、提拔以及解雇员工，是沙因列出的企业文化的主要植入机制之一。

历史学者吕世浩说："'不知其君，视其所使'，想要知道领导人是个什么样的人，最好的方法就是看他爱用什么样的人。"②

让我把话说得更清楚一些。你用什么样的人，传递了两个重要信息：

---

① 沙因（2014），《组织文化与领导力（第四版）》，章凯等译，中国人民大学出版社，第214页。

② 吕世浩（2016），《大秦三部曲》，接力出版社，Kindle版。

- 你（组织）要重用什么样的人；
- 你是个什么样的人。

第一个信息，让员工知道他们自己在你手下、在这个组织是否有前途；第二个信息，让员工知道你是否值得他们追随。

小练习

你如果是公司一把手，现在停下来想一想：你最近做的三个人事决策是什么？在以下两个方面传递的信息分别是什么：你重用什么样的人？你是什么样的人？

你如果是个中层经理，现在停下来想一想：你们公司一把手喜欢用什么样的人？这传递了什么样的信息？你在这个公司有前途吗？一把手值得追随吗？

不管你是哪个层级的经理人，现在都停下来想一想：最近在工作上最困扰你的三件事是什么？这三件事是否寻根问底都是人事问题？可以通过怎样的人事决策来解决？

关系

关系是要事。关系有长期的影响，今天的关系可以在后天起作用。关系有全局的影响，一次关于足球的愉快聊天可能带来一个商务合作。

管理关系的重要性

关于关系的重要性，我们已经在前面专门讲过，当时尽管没有明说，主要讲的是跟下属的关系的重要性。你可能有很多下属，最关键的关系当然是跟最重要的那几个下属的关系。你需要定期跟他们坐下来，通过一对一会议（当然还有八种关系策略中的其他形式）来维护关系。

关系并不局限于跟下属的关系。你还有向外的关系和平行的关系。你需要把组织外部的重要的客户、合作伙伴、利益相关者以及组织内部的其他部门的重要平级（以及非平级）界定出来，重点管理好跟他们的关系。

管理上司是下属的责任

对许多经理人来说，最重要又最容易被忽视的是向上的关系，也就是跟上司的关系。尽管这种关系是双向的，是双方共同的责任，但是你的责任大于上司的责任。理由很多，至少有以下几点。

第一，你的上司有很多个下属，而你一般只有一个直接上司。也就是说，他有很多个向下的关系需要管理，你不一定是他的重点，而你只有这一个向上的关系需要管理。

第二，尽管你的上司也依赖你，但是一般说来你更加依赖你的上司。你的工作方向是什么？你的绩效怎么考核？你可以有多少个下属？你是否可以对你的下属进行奖惩？你拥有多少资源来完成一个项目？所有这些，都在很大程度上取决于你的上司。

第三，如果你和上司的关系出现问题，你的损失会更大。他之所以是你的上司，不是无缘无故的。如果你们之间发生冲突，组织更可能找人来替代你，而不是他。而且，如果你落下了一个“不服从上司”的名声，还有别的上司敢要你吗?

第四，只有你的上司有前途，你才更有前途。如果你的上司难以升迁，那么他往往就是你的天花板。所以，你要想方设法帮助上司创造绩效。

如何管理与上司的关系?答案当然是看情况。如何看情况，你可以参考我的《管理十律》一书的第五律“管理你的上司”。

管理上司的标准参考答案

如果只提一个管理上司的建议（标准参考答案），我的建议是：向你的上司要求，每个月至少进行一次面对面的一对一会议。

对你来说，这个会议的主题就是一句话：我如何才能更好地帮助你?

制度是要事

制度是要事。这里所说的制度，包括组织结构、工作流程、工作标准、奖惩制度等等。

制度往往不会朝令夕改，因此有长期的影响；制度至少在一个团队、一个部门的范围内起作用，许多制度在整个组织的范围内起作用，因此制度有全局的影响。

设定制度是高杠杆率活动

有了制度，大家今后就按制度做事，你不用一个一个去告诉大家该怎么做事。有时，你大声指挥员工该这样做事（比如提高利润率），但是如果制度激励他用另一种方式做事（比如他们的提成是跟营业额而非利润额挂钩），你的指挥往往也不起作用。

设定制度看起来只是一件事，但是如果做对了这一件事，你可以少做一百件事；如果做错了这一件事，你另外多做一百件事也没有用。

用格鲁夫的术语来说，制定制度是典型的高杠杆率活动。

前面我让你停下来想一想：最近在工作上最困扰你的三件事是什么？这三件事是否追根到底都是人事问题？如果你的答案是有的是人事问题，有的不是。那么我大胆猜测一下：不是人事问题的，一定是制度问题。这个答案不敢说百分百正确，但是十有八九是对的。

制度是重要的环境

心理学上有一个著名的“行动者/观察者偏差”：当我们是观察者的时候，我们会倾向于把他人（行动者）的行动归因于他们的本性，而忽略环境的影响（这一部分偏差又叫作“基本归因错误”）；当我们是行动者的时候，我们更可能把情境的因素考虑在内。

制度就是组织的主要行为环境。当管理者处于观察者角色时，容易忽视制度的重要性。

一个例子

一个国有大企业的经理人问我：如何让各个部门愿意相互

配合？这个问题，貌似是个共性问题，其实是他们企业的个性问题。学者是没有资格回答个性问题的。但是，我认为他的个性问题其实主要是个共性问题，所以我试着“回答”了他。

我问：你问这个问题，是否因为现在各个部门不愿意相互配合？他说是。

我问：你们公司各个部门负责人的薪酬是否由固定薪酬和绩效薪酬组成？他说是。

我再问：绩效薪酬是否完全由该经理的上级评定？他说是。

我说：如果每个部门负责人的绩效薪酬中有很大一部分由（需要跟该部门密切合作的）其他部门负责人来评定，那么部门合作更可能实现。

该公司的制度并不激励部门合作。要激励部门合作，要做的事情不是做思想政治工作，不是做团队精神的培训，不是换掉不合作的部门负责人，而是改变制度，建立激励部门合作的制度。

制度比大多数人更重要

前面我们强调了人的重要性。制度是人设定的，因此从这个角度说，人比制度更重要。但是，组织中的大多数人是不参与制度设定的。就拿上面那个例子来说，如果制度不变，改变那些部门负责人是不起作用的。从这个角度来说，制度比人更重要。

当然，制度依然靠人改变。那些部门负责人改变不了制度，他们的上级或者上级的上级，这些更为关键的人选可以改变制度。因此，更准确的说法是：**关键人比制度更重要，制度比大多数人更重要。**

设定制度就是做决策

在前面我们没有区分决定与决策，现在需要区分一下。

决定与决策的区别

决定是针对个别事件的个别解，决策是针对所有类似事情的一般解。

做一个决定只针对一件事，想要一次解决一个问题（实际上往往解决不了）；做一个决策则针对所有类似的事，旨在一次解决重复问题，或者预防类似问题发生。

决定的影响是暂时的、个别的，决策的影响是长期的、全局的。因此，管理者的重点是做决策而非决定。因为每个决策都有长期或全局的影响，因此管理者不会做很多决策。

表 8-1 总结了决定和决策的区别。关于决定和决策的区别的更具体讨论，可以参见我的《领导力十律》一书的第八律“深思”的相关部分。

表 8-1　决定和决策的区别

决定	决策
一次解决一个问题	一次解决很多问题
针对具体、个别的问题发现个别解	针对长期、全局的问题发现一般解
往往不能真正解决问题	可以一次解决重复问题

（续表）

决定	决策
影响是暂时的、个别的	影响是长期的、全局的
以孤立的眼光看问题	以联系的眼光看问题
普通人做很多决定	管理者做很少决策

来源：本书作者

关于制度的三种决策

制度之所以重要，就是因为关于制度没有决定，都是决策。关于制度有三种决策：

- 第一种是制定新制度；
- 第二种是修改不正确的制度；
- 第三种是废除不必要的制度。

遇到一个需要解决的问题，你需要思考的是：是就解决这一个问题做一个决定？还是说这是一个长期性或者全局性问题的一个具体表现而已，你需要做的其实应该是一个决策？

如果你需要做一个决策，这个决策可能是建立一个新制度（第一种决策），也可能同时要求修改一个旧制度（第二种决策）。第二种决策往往比第一种更难，因为旧制度在你的思想里、在企业的运作中、在其他人的思想里已经占据了一个固有位置。

废除不必要制度的重要性

第三种决策——废除不必要的制度——最容易被人忽视。

比如，某知名家居公司在使命、愿景、价值观之外，又请咨询公司为他们制定了“企业人格”“高管行为准则”等制度。这家公司的董事长把这些文件发给我看，大概是表示他们公司有文化。

我看到的是，企业人格中有大量类似“遵纪守法”这样的内容，高管行为准则的核心是八条“零容忍”，包括：对一切无结果的行为零容忍、对无计划的行为零容忍、对不执行反求诸己的行为零容忍，等等。

这些制度是不必要的。它们要么是每个人本来就应该做的（比如“遵纪守法”），要么是无法操作的（比如那几条零容忍）。

阑尾尽管不必要，但是无害，没有发作阑尾炎也不必切除它。不必要的制度跟阑尾不一样，需要被切除，因为有两个方面的重要危害：

- 它们转移了人们对真正应该重视的制度的注意力；
- 它们稀释了所有制度的严肃性。

企业到了所谓的“成熟”阶段的特征之一就是制度化，拥有各种各样的制度。高层领导者的制度化冲动会导致企业的过度制度化。

第三种制度决策其实还可以细分：一是废除不必要的制度；二是抑制不必要的制度冲动，不设定不必要的制度。不做决策也是决策。

学习是要事

学习是要事。学习有长期的影响，今天的学习可以在明天、后天发挥作用。如果你能够举一反三地学习，学习也有全局的影响。

我们曾经讨论过这个问题：管理者最重要的能力是什么？当时我给出的参考答案是提问。其实，这个问题还可以有另一个参考答案：学习力。

管理者最重要的能力是学习力，因为管理者其他的能力都依靠学习而来。学习力因此是管理者的元能力。

在学习上，管理者要做三件事：自己学、带领团队学、教团队学。

自己学

许多管理者并不专门花时间学习。他们也许认为自己是在工作中学习，从自己的经验中学习。但是，正如我们讨论过的“刻意练习”理念指出的：在一项活动上投入大量时间不一定带来技能的提升。

也有些管理者专门花时间学习。我的工作之一就是辅导他们学习。我发现，他们并不擅长学习。关于如何提升学习力，还可以参考我的《管理十律》一书的第三律“学而时习之”。

管理者不擅长学习迁移

我跟马奇讨论过为什么管理者不擅长学习。马奇认为学习本身不是件容易的事情，因为我们身处的世界的因果系统非常复杂，而我们的样本和经验又非常少。①

管理者在学习上的困难还跟人类的“模块化学习”的大脑机制有关。进化心理学研究发现，人类进化而来的学习机制是模块化学习，简单地说，就是把学习到的行为跟具体情境相联系。

比如，我们的祖先可能学习到：看见梅花鹿我可以去杀死它。但是看见老虎呢？这个新的情境要求大脑中一个新的模块来对应。我们的祖先不会自动把一个情境下（看见梅花鹿）学习到的东西应用到另一个情境（看见老虎）。

这种模块化学习的心理机制带给我们的祖先以进化的优势，也遗传给了我们。但是这也带来一个负面作用：我们天生不擅长“学习迁移”。

学习迁移指的是：把别人的经验用到我们身上，把一般的知识用到具体的情境，把一个领域的窍门应用到另一个领域。

四问学习法

我基于辅导经理人学习的经验，提出一个帮助学习迁移的“四问学习法”：

- 我听到什么？这是第一步：接收，接收他人的知识或经验。这一步要求你能够复述你读到的或者听到的内容。

① 刘澜（2016），《领导力的第一本书：听大师讲领导力》，机械工业出版社，第 184 页。

- 我想起什么？这是第二步：联系，联系自己的知识或经验。这一步要求你能够把你听到的跟自己已有的知识或者实际问题联系起来。

- 我变成什么？这是第三步：调整，调整你接收到的内容。这一步要求你根据自己的理解和需要，修改你听到或读到的内容，以便自己应用。

- 我用到哪里？这是第四步：应用，应用你调整后的内容。这一步要求你明确新学习的知识的应用情境，并加以实际应用。

整个过程如图 8-1 所示。在应用之后，还可以回到前面几步，重新经历这个过程。比如如果应用效果不好，可以重新开始这个环路：是接收到的内容不对吗？或者是进行了错误的联系？或者应该调整成别的形式？

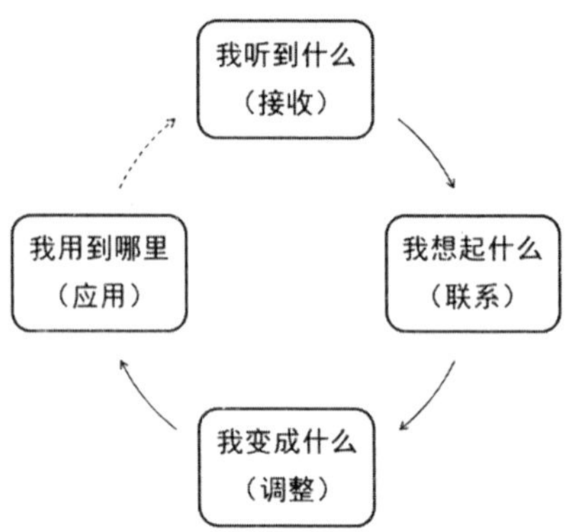

图 8-1　四问学习法

来源：本书作者。

第一章讲的学习管理的三大任务，就是“四问学习法”的一个具体应用。任务一（学习经典的参考答案）和任务三（在实践中应用参考答案）分别对应第一步和第四步，任务二（发现自己的参考答案）则是把第二步和第三步合在了一起。

四问学习法的一个例子

下面举一个例子来说明“四问学习法”。

我读到过一个有趣的知识：我们在吃饱 20 分钟之后，大脑才会收到吃饱的信号。这是人类进化的结果：我们的祖先寻找食物很困难，找到食物之后如果多吃一些，会更有利于生存，因为下一顿很可能不知道在哪里！

问题是，今天的人类——至少是正在读这本书的你们——已经过了吃了上顿没下顿的阶段。但是，我们的身体依然还是狩猎和采集时代的身体，所以我们如果感觉吃饱了才停止的话，那就已经多吃了 20 分钟了！

我是怎么用“四问学习法”来学习这个知识的呢？

- 我先问自己：我听到什么？我只需要复述这句话就可以了。我们在吃饱 20 分钟之后，大脑才会收到吃饱的信号。
- 我再问自己：我想起什么？我想起了自己平时一般觉得吃饱了才停下来，甚至有时直到觉得吃撑了才停下来。
- 我再问自己：我变成什么？我要把这个知识点变成一个行动点，把这个知识变成一个指令——吃到八分饱，我就停下来！
- 我最后问自己：我用到哪里？这个应用情境不难发现。

我用到今后每次吃饭的时候，尤其是大家聚餐（因此好吃的东西特别多）的时候。

我只是举了个日常生活的例子，因为管理的例子举起来会比较复杂。“四问学习法”可以广泛地应用到管理学习中。

如果你还没有养成用专门时间来学习的习惯，你需要养成。学习的方式很多，读书、参加培训、向同事请教、反思自己的经验等等，都是学习。在学习的时候尝试一下“四问学习法”，看它是否适合自己。

带领团队学

管理者不仅要自己学，还要带领团队学，也就是安排给团队的培训。

培训员工的两种方式

培训员工有两种方式：

- 结合工作的方式：包括行动学习、内部的导师制辅导、内部的对标学习、内部讲师培训，等等。
- 脱离工作的方式：包括读书、外部讲师培训、参加外部培训，等等。

两种方式都很重要。做得好的企业，在两种方式上都会做得好。做得不好的企业，或者是两种方式都做得不好，或者是只有脱离工作而没有结合工作的学习。

管理者的“学习桥梁”作用

脱离工作的学习的最终目的也是为了在工作中应用。因此，管理者需要发挥通常被忽视的一个作用，就是在进行脱离工作的学习之后，运用“四问学习法”或者类似的方法，把学习到的内容真正应用到工作之中。

也就是说，管理者要发挥一个“学习桥梁”的作用：把脱离工作的知识变成结合工作的知识，在这两种知识之间架设桥梁。然后，把知识传授给团队成员。

教团队学

管理者把知识传授给团队成员，就是教团队学。

管理者的另一个“学习桥梁”作用

这是管理者的另一个“学习桥梁”的作用：在知识和团队成员之间架设桥梁。

把学习型组织变成了风靡一时的全球性运动的圣吉指出：“在学习型组织之中，领导者是设计师、仆人和教师。”①

另一位管理学者蒂奇②则倡导教导型组织。③ 蒂奇说：“教导

---

① 圣吉（1998），《第五项修炼——学习型组织的艺术与实务》，郭进隆译，上海三联书店，第392页。

② Noel Tichy（1946— ）.

③ 如果要更具体了解关于学习型组织和教导型组织的思想，可以参见我的《领导力的第一本书》中对圣吉和蒂奇的访谈以及《领导力的第二本书》中对圣吉和蒂奇的思想介绍。

是领导的核心。实际上，领导者通过教导来领导。”①

教导（育人）是管理者的重要职能。管理者通过教导来完成任务（这是增长），而且提升员工的能力（这是发展）。关于管理者如何教导，可以参考我的《领导力十律》一书的第五律“当老师”。

教团队学的两个特别好处

与带领团队学相比，教团队学有两个特别的好处：

- 第一，教团队学跟工作结合得更紧密，是属于结合工作的学习；
- 第二，教团队学不仅是在育人，更是在育己。

第二个好处说的是：最好的学习方式往往是教别人。我们可以通过德鲁克讲的这个小故事来体会这一点。

德鲁克年轻的时候在银行工作，每个星期，他的上司会花上一段时间，跟他一起坐下来，把自己知道的东西努力教给德鲁克。德鲁克的感想很有意思。德鲁克说：我不知道谁从中学得更多，是我还是他。

花时间教导他人，这是管理者的要事。

计划和总结是要事

计划和总结是要事。计划有长期的影响，是要事。总结过

① Tichy，N.（2005）. The Leadership Engine. HaperCollins，p. 71.

去是为了在未来能够更好地行动，有长期的影响；总结的经验如果可以举一反三地应用，就有长期的影响。

计划

俗话说：磨刀不误砍柴工。计划就是磨刀。花一小时磨刀，比直接上来就砍柴——尽管能多砍一小时——更重要。

明茨伯格说在他的观察中，他没有看见管理者在做计划。这并不等于说管理者不该做计划，也并不说明他观察到的是卓有成效的管理者。

福特的例子

福特汽车创始人福特既是伟大的发明家，又是成功的企业家。他认为自己成功的秘诀之一是——做计划：

> 我总是以这样的方式去做事：在开始动手之前把每一个细节都计划好。否则的话，一个人在工作进行时却不断地做改变，直到最后还无法统一，那就会浪费大量的时间。这种浪费是不值得的。很多发明家的失败是因为他们分不清计划与实践的区别。①

设定目标的两个要求

不过，对于管理者来说，计划的主要工作不是计划每一个

① 福特（2005），《我的生活与工作》，梓浪、莫丽芸译，北京邮电大学出版社，Kindle 版。

细节，而是设定目标。怎么设定目标？

目标设定理论是入选“管理学中的伟大思想”的著名理论，其核心发现是：“当业绩目标明确（具体）且困难时，业绩目标能导致最高水平的业绩。”①

因此，设定目标有两个要求：

- 一是要清晰、明确。不要设定“今年要提高客户满意度”这样的目标，而是明确地设定为“让客户投诉比去年下降50%”。
- 二是要有挑战性。不要设定肯定能达到的目标，而是把你肯定能达到的目标至少乘以1.2，甚至乘以1.5或者2。

SMART法则

设定目标有一个颇为实用的SMART法则。我在《管理十律》一书的第二律“既要计划，又要梦想”中比较详细地介绍过。下面再简单讲一讲。

“从今年开始，我要做一个勤奋学习的人。”这不是一个好目标。如何让这个目标变成一个好目标呢？我们可以应用SMART法则，按照五个要求来设定。

S—Specific：目标要具体。“做一个勤奋学习的人”不具体。改为“学习更多管理知识”更具体一些，但还不够。“学习更多

① 洛克、莱瑟姆（2010），“目标设定理论：借助归纳法的理论开发”，《管理学中的伟大思想》（史密斯、希特主编，徐飞、路琳译），北京大学出版社，第106—124页。

人力资源管理知识”又更具体，但还不够。要真正做到具体，要加上第二点：M。

M—Measurable：目标要可衡量。而可衡量，往往需要量化。“读三本人力资源管理的经典著作”就更具体了，因为它有数字，可衡量。

A—Actionable：目标要化为行动。“做一个勤奋学习的人”不是行动，“读三本人力资源管理的经典著作”是行动。不过，“读”仍然是一个比较模糊的行动。怎样才算读？读了 10 页算不算读？匆匆翻了一遍算不算读？所以，可以继续细化为更具体、更可衡量的行动，比如：“读三本人力资源管理的经典著作，并就收获和体会写出三篇读书笔记。”

R—Relevant：目标要相关。[①] 这个目标，对于你的工作或者生活应该有重要的意义，这就是目标的相关性。读三本人力资源著作对你为什么重要？如果你只是个对人力资源产生了一定兴趣的技术团队主管，也许更相关的目标是先读三篇人力资源管理的文章。

T—Time-limited：目标要有时间限制。加上时间限制后，这个目标最后可能变成：“在未来三个月内，读三本人力资源管理的经典著作（每月一本），并就收获和体会写出三篇读书笔记

① 关于 SMART 法则的五个字母分别代表什么，有许多不同说法。在《管理十律》中，我说 R 是 realistic 而非 relevant。出于两个原因，我在这里改为 relevant。原因之一是我观察到在现实生活中，许多管理者在设立不相关的目标；原因之二是强调目标的现实性（realistic）跟“挑战性目标更激励人”的研究成果有一定矛盾。

(每月一篇)。”

关于 SMART 法则的说法很多，我认为其核心就是中间的 A (行动)。SMART 法则的精髓就是设定行动目标。目标可以分为结果目标和行动目标（也称过程目标）两种。设定目标常犯的一个错误，是只有结果目标，没有行动目标。

总结

我这里说的总结，也就是我在《领导力十律》一书中详细探讨过的第七律“反思”。

许多人都做工作总结，但那是面向过去的，把总结本身当做了目的；反思式的总结是面向未来的：过去的工作是这样一个结果，未来我们该怎么更好地工作?

联想的复盘

联想公司坚持开展的“复盘”，就是在组织层面的反思。

> 一件事情做完了以后，或者成功或者没成功，都要坐下来对当初这个事情全面总结：我们预先怎么定的？中间出了什么问题？为什么做不到？把这些都要细细梳理一遍。当做了一遍梳理以后，下次做事时以前的经验教训也就吸收了。

联想公司创始人柳传志说：“复盘是联想认为最重要的一件事情。”①

① 张涛（2015),《柳问：柳传志的管理三要素》，浙江人民出版社，Kindle 版。

复盘的四个环节

根据柳传志的提炼，复盘有四个环节：

第一，再一次梳理原定的目标是什么。

第二，项目完成以后，将现在的完成状况和原定的目标进行比较，确认这一结果是超过了既定的目标还是没有做到。

第三，也是最重要的一个环节，要对项目本身的成败原因进行深入分析。特别要注意分析的是，在项目执行的过程中，边界条件发生了怎样的变化。也就是不能刻舟求剑，不一定这次因这种方式打了胜仗，下次还采用现在的方式也能继续打胜仗，因为边界条件可能已经发生了变化。

第四，要客观总结在这个项目的执行过程中，能提炼出什么规律性的东西。①

用三环学习模型来反思

第二章讨论过的三环学习模型，也是反思的一个重要工具，可以对复盘的第三个和第四个环节进行补充。

让我们复习一下三环学习模型。对工作结果反思时，可以从三个方面进行：

- 如何改变我们的行动（方法），以取得更好的结果？这是单环学习。
- 我们的目标和方向是不是需要改变？我们是否应该追求

① 张涛（2015），《柳问：柳传志的管理三要素》，浙江人民出版社，Kindle 版。

别的结果？这是双环学习。

• 什么心智模式让我们设定了这样的目标和方向，以及选择了这样的行动和方法？我们是否需要改变我们的心智模式？这是三环学习。

市场是要事

德鲁克有一句名言："关于企业的目的，只有一个有效的定义：创造顾客。"① 创造顾客就是创造市场。企业如果没有市场，就失去了存在的必要性。

对企业来说，市场既有长期的影响，又有全局的影响，是决定企业兴衰成败的要事。

三种市场要事

我把跟市场相关的要事概括为三种：

- 了解市场信息；
- 维护市场关系，包括与大客户、主要经销渠道的关系；
- 开发新市场、新渠道、新客户和新产品。

在这三者当中，了解市场信息尤其重要，它是另外两者的基础，但是又最容易被忽视。我着重说说了解市场信息这件事。

---

① 德鲁克（2009），《管理的实践（中英文双语珍藏版）》，齐若兰译，机械工业出版社，第 324 页。

每个管理者都要管理客户

我们复习一下管理的五个方向：向下管理下属，向上管理上级，平行（横向）管理平级，向内管理自己，向外管理客户、合作伙伴等组织外部的利益相关者。在向外管理中，客户①占据中心位置。

我在第三章问了一个问题：不跟客户直接打交道的管理者，比如人力资源部门的招聘主管，他们需要向外管理客户吗？

为外部客户服务

答案是：需要。比如，他们要了解客户是什么样的人，有什么样的需求，这样他们才知道招聘什么样的销售员、客户服务人员去为客户服务。

内部客户是一个误导大家的概念。如果大家把重心放在所谓的内部客户上，受伤的往往是外部客户——那些真正的客户。

管理客户的两个作用

我在给一家医药公司高管做培训的时候，问他们每个人上次见客户是什么时候。有两个高管说自己从来没有见过客户。一个是负责质量控制的总监，另一个是财务总监。这是错的。他们都需要跟客户见面，尽管不需要像销售总监那么频繁。

他们都需要跟客户见面，了解客户的需求，了解他们的产

① 客户和顾客是有区别的，参见《管理十律》一书的第六律“别把顾客当上帝”。不过，本书不区分客户和顾客。

品如何满足了客户的需求。这会起到两个作用：

- 让他们更了解自己工作的意义，更为自己在这样一家公司工作而自豪；
- 促进他们从客户需求的角度来思考如何改进工作：从客户需求出发，我们的质量控制工作应该怎样进行？我们的财务工作应该怎样进行？

向外走动式管理

怎么做才能做到心中有客户？德鲁克倡导“向外走动式管理”。

有些管理者自以为了解情况，因为他们经常在公司内部走动，和员工交谈。这是所谓的走动式管理。德鲁克指出“这是一种错误的安全感”，“他们得到的只是下属希望他们听到的信息”。①

德鲁克说，正确的做法是走出去，走到顾客当中去。

德鲁克举的例子

德鲁克举了一家公司CEO的例子：他每年会休假两周，代替休假的销售员工作两周。他会高兴地对休假回来的销售员说：“顾客老是抱怨我没有能力，总是说我提一些愚蠢问题。”

还有通用汽车前CEO斯隆的例子。每隔3个月，斯隆会悄

① 德鲁克（2009），《管理未来（珍藏版）》，李亚等译，机械工业出版社，第130页。

悄离开总部，出现在外地一家经销商那里，在自我介绍之后，要求以销售员或者销售助理的身份工作两天。然后去另外两个城市做同样的事情。一周之后他回到总部，把自己了解到的市场情况总结成备忘录。①

三个要点

德鲁克说：

> 要预测流通渠道的变化，以及顾客在哪里（以及同样重要的如何）购买的变化，你必须到市场中去，必须观察顾客和非顾客，必须问“愚蠢的问题”。②

这句话不长，却包含了向外走动式管理的三个要点：

- 除了提问，还要观察：因为他们说的不一定是他们想的，他们想的也不一定是对的。
- 既要问顾客，又要问非顾客。管理者要到市场中去问顾客：你为什么买我们的产品？还要去问非顾客：你为什么不买我们的产品？
- 问“愚蠢的问题”。所谓愚蠢的问题，就是不要带着假设去问，而是像德鲁克曾经说的，带着“无知”去问。③ 你的任

---

① 以上两个例子均见德鲁克（2009），《管理未来（珍藏版）》，李亚等译，机械工业出版社，第 129 页。

② 德鲁克（1999），《现代管理宗师德鲁克文选（英文版）》，机械工业出版社，第 258 页。

③ 科恩（2008），《跟德鲁克学管理》，闫鲜宁译，中信出版社，第 69 页。

务不是验证假设，而是发现新信息。

走出去也不容易

向外走动式管理不是看起来那么容易。

我曾经问过海尔公司的一把手张瑞敏：现在还会不会去逛商场，了解一手的市场信息？张瑞敏说会，但是不能事先透露，不然公司员工“一知道你去哪个地方，马上就做准备，那你就看不到真实情况了”。①

对于大多数管理者来说：如果你要去了解市场情况，一般说来不会有人费心要为你专门准备一番。那主要是一把手以及少数高层管理者面对的问题（也是导致所谓的“CEO 病”的主要原因之一）。

因此对于大多数管理者来说，难点在于运用向外走动式管理的三个要点。它们做起来并不容易。

要事三原则

我们刚刚回答了这个问题：哪些事是管理者的要事？答案是：人、制度、学习、计划和总结、市场。管理者应该聚焦在这些要事上。

我们现在回答这个问题：管理者应该怎样聚焦在这些要事上？答案是三个原则——优先、集中、坚持。

---

① 刘澜（2006），《领导者的鸡尾酒》，人民邮电出版社，第 186 页。

要事第一的第一，并不是说把要事作为你每天上班之后做的第一件事。要事第一，说的是你优先、集中、坚持做要事。

优先

要事管理的第一个原则是优先。要事要优先做。

优先不是先做

德鲁克在《卓有成效的管理者》一书提出了要事第一（first things first），指的是把要事“放在前面先做”吗？该书最流行的中译本就是这样翻译的。① 这样翻译是错的。

优先并不是先做，而是优先安排在你的日程表中。你在安排未来一天、一周、一月、一年的日程时，先把要事安排进去，然后再安排其他的事，这就是要事优先。

优先的例子

你如果决定明天上班之后第一件事就做要事，比如跟某个下属进行一个小时的一对一会议（这是“人”的要事），或者到某个销售点观察顾客行为（这是“市场”的要事），这当然也是优先，你优先安排在了明天日程表的第一项。

但是，你也可以是把明天下午 2 点到 3 点的时间留给与下属的一对一会议，把下周一上午专门留出来，安排去某个销售点了解市场信息。这也是优先。

---

① 德鲁克（2005），《卓有成效的管理者》（中英文双语典藏版），许是祥译，机械工业出版社，第 76 页。

集中

要事管理的第二个原则是集中，主要指的是：安排一段较长的、完整的时间，来做一件要事。[①]

集中原则的三个理由

因为以下三个理由，我们需要专门集中一段时间来做要事：

- 要事做起来较难，往往要花较长的时间；
- 要事容易被忽略；
- 要事很重要，值得我们多花时间。

比如，前面讲到的斯隆每3个月集中一周的时间去当销售员（这是“市场”的要事），就是集中的例子。许多企业会每过一段时间对管理者和员工进行半天、一天甚至更长时间的培训（这是“学习”的要事），也是集中的例子。

优先和集中这两个原则是相关的。因为要事往往需要集中一大段时间进行，所以要求我们优先安排要事：从日程表中优先预留出一整段完整的时间。

时间管理矩阵的解决方案

图8-2为图2-1的时间管理矩阵给出了具体解决方案。

对于第一象限的又重要又紧急的事情，优先做，节制做。这些事情又重要又紧急，大家很容易理解要优先做。可是为什

① 要事的集中原则还包括集中专人做要事。

	不重要	重要
紧急	快速做 委派做 3	1 优先做 节制做
不紧急	4 不去做 委派做	2 优先做 集中做

图 8-2　时间管理矩阵的解决方案

来源：本书作者。

么要节制做呢？我在第二章已经讲过原因，再重复一下，有两点：

- 如果第一象限的事情很多，很可能是我们把第三象限的事情误以为是第一象限的事情；
- 如果第一象限的事情很多，还很有可能是我们一直忽视了第二象限的事情，把第二象限的事情拖成了第一象限的事情。

对于第三象限的紧急而不重要的事情，快速做，委派做。这件事情紧急，说明有人等着要结果，但是它不重要，所以不用多花心思。你可以快速做，求快而非求最好（因为它不重要）；也可以委派给别人做，即使你自己做可以做得更好。

对于第四象限的既不重要又不紧急的事情，干脆就不要去做；如果是非做不可的必要之事，可以自己快速做，但最好是委派给别人做。

第二象限最优先

我们要专门说说第二象限。

对于第二象限的重要而不紧急的事情，优先做，集中做。我们要把要事优先安排进日程表，而且集中整块时间给它们。

有人把第二象限的事情比喻为大石块。① 在把大石块、小卵石、沙子和水装进一个容器时，你应该先把大石块放进去。容器就是你的日程表，或者说得更大一些，就是你的人生——把你的人生围绕第二象限来安排。

也就是说，第二象限最优先。

坚持

要事管理的第三个原则是坚持。一般说来，要事都不是做一次就完了的事情，而是需要坚持做的事情。要事要坚持做，最好是定时做。

德鲁克会在每年 8 月用两周时间反省自己一年的工作（这是“计划和总结”的要事），这就是坚持做，定时做。

2005 年，乔布斯在斯坦福大学毕业典礼上演讲，说自己从 17 岁开始，每天早上面对镜子都会问自己这样一个问题：“如果今天是我生命中的最后一天，我还会不会去做那些已经

---

① 柯维等（2003），《要事第一》，刘宗亚等译，中国青年出版社，第 108 页。

安排好了要做的事情?”[①] 这也是在坚持、定时做要事(“计划和总结”)。

玫琳凯公司创始人玫琳凯[②]建议说:“每天要固定地挪出一段时间打电话拜访客户,尤其是疏于联络的客户。”[③] 这是集中、坚持做要事(“市场”)。

案例练习

聚焦要事,就是按照三原则,聚焦在五大类要事上。

具体说,一个管理者的工作要围绕人、制度、学习、计划和总结、市场这五大类要事,要运用优先、集中、坚持三原则来安排这些要事。

下面布置四个练习题。如果你能够很好地分析这四个练习题,才真正掌握了聚焦要事这个最重要的管理原则。

练习一

这个题目考察的是如何界定要事,包括两个小题目:

(1)一个销售经理帮助一个销售员谈成一个订单,是不是要事?

---

① 这是乔布斯最著名的演讲,也是最著名的美国高校毕业演讲之一,演讲的全文及视频很容易在互联网上找到。

② Mary Kay Ash (1918—2001).

③ 艾施(1998),《我心深处》,玫琳凯化妆品公司台湾分公司译,浙江人民出版社,第48页。

（2）在一个会议的休息时间，你的上司让你下楼去给他买听可乐，是不是要事？

练习二

我是某家连锁餐饮公司（也许有必要说明一下，不是第一章中提到的那一家）的管理顾问。

随着业务的拓展，该公司在店长和总经理之间，增设了区域督导的职位。以前是总经理直接管理店长，现在是总经理管理区域督导，每个区域督导管理几个店长。

区域督导一般都是由以前的优秀店长晋升而来。一个区域督导在我为他们主持的领导力工作坊上提出了这样的问题：以前他在店里需要指挥很多事情。现在他到了店里，有店长指挥，那么他在店里该做什么？

你大概并不了解如何管理餐饮业务，我也并不了解。但是管理工作是相通的，所以你应该可以试着回答这个问题。

请问：他到店里该做什么？请给他列一个下店巡查的工作清单。

练习三

跟练习二一样，这也是一个真实的案例。在对某公司的中层经理进行培训之前，我发放了调查问卷，了解他们面对的最头疼的管理问题是什么。

有好几份回答都跟下面这份回答非常相似：

我遇到的管理问题是时间管理。我也会事先做计划，来帮助我保持工作进度。在做计划时我也会标出每件事的优先程度。但是你知道，计划赶不上变化。

比如，这周我事先计划好完成一个复杂的项目。但是在进程当中，出现各种各样的事情影响进度。

比如：(1) 来了个突然的电话，说另一个项目更紧急，需要迅速完成。(2) 其他团队的同事来问关于其他项目的事情。(3) 团队成员不停地来问我关于这个项目的事情，尽管我告诉过他们可以自己做决定。

请问：她面对的困境是哪些因素造成的？可以怎么解决？

练习四

以你自己为案例，用行事历安排并记录你一周的工作。

在一周之后回头反思：

- 你都做了哪些事情？分别花了多少时间？
- 哪些事是要事？分别属于哪一类？
- 你在要事上花了多少时间？占所有时间的比例是多少？
- 对要事的哪些安排分别符合优先、集中、坚持三原则？

第八章要点

1. 人的要事的两个方面。
2. 人事的概念。
3. 柯林斯的先人后事的理念。
4. 人事决策的两种全局作用。
5. 为什么管理上司是下属的责任?
6. 一个管理上司的建议。
7. 制度比人更重要吗?
8. 行动者/观察者偏差及基本归因错误。
9. 决定与决策的区别。
10. 关于制度的三种决策。
11. 不必要制度的双重危害。
12. 对第三种制度决策的细分。
13. 学习力的重要性。
14. 管理者在学习上的三件事。
15. 学习迁移为什么困难?
16. 四问学习法。
17. 培训员工的两种方式。
18. 管理者作为学习桥梁的两种作用。
19. 管理者教导他人的两个特别好处。
20. 设定目标的两个要求。

21. 设定目标的 SMART 法则。

22. 面向过去的总结与面向未来的反思。

23. 复盘的四个环节。

24. 市场的三种要事。

25. 为什么每个管理者都要管理客户？

26. 向外走动式管理的三个要点。

27. 要事三原则：优先、集中、坚持。

28. 时间管理矩阵的解决方案。

29. 第二象限最优先。

总　结

我们用作者原创、管理经典和诗外功夫这三部分来总结这本书的精华内容。

这也是本书的三大特色：

- 本书原创性地提出了管理者的 4 大心智模式为本书框架，并且提出了 6 大原创的管理法则及 3 个推论以及 27 个原创的管理思想。
- 本书从浩如烟海的经典管理思想中，精选了 15 个经典管理模型进行了细致的解读，并介绍了另外 25 个经典管理思想。
- 管理的功夫在诗外——本书还介绍了 12 个与管理密切相关的心理学思想和 3 个其他思想。

下面这个清单供大家复习用。

作者原创

本书原创性地提出了管理者的 4 大心智模式、6 个管理法则及3个推论和27个管理思想。

管理者的4大心智模式

管理者的4大心智模式为：学习心智、问题心智、关系心智、要事心智。

6个原创管理法则及3个推论

刘澜管理学习第一法则：管理只有参考答案，没有标准答案。

刘澜管理学习第一法则的推论：学思想，而非工具。

刘澜管理学习第二法则：学习模式，而非碎片。

刘澜管理学习第三法则：你是你最大的问题；你也是你最大的答案。

刘澜管理问题第一法则：所有的管理问题都只有一个标准答案——看情况。

刘澜管理问题第二法则：很多管理问题都问错了问题。

刘澜管理问题第二法则的推论一：管理者最重要的能力是提问。

刘澜管理问题第二法则的推论二：管理者最重要的任务是提问。

刘澜管理问题第三法则：有些管理问题有标准参考答案。

27个原创管理思想

在6个管理法则之中已经包含一些重要的原创思想，比如管理者最重要的能力是提问的理念，又比如模式化学习与碎片化学习的对比，又比如标准参考答案的概念。因为掌握 6 个管理法则就要求掌握这些思想，所以这些思想不再单独列出。

下面列出的是这 6 个法则没有包括的 27 个原创管理思想，可以分为 6 组。

第一组：与“管理学”相关（4 个）

- 管理是人的“延长的手”
- 管理的定义
- 人和动物的区别是管理
- 临床管理学

第二组：与“学管理”相关（6 个）

- 管理大师悖论
- π 型知识
- 成功企业悖论
- 三环学习模型
- 四问学习法
- 管理者的学习桥梁作用

第三组：与管理者的定义相关（3 个）

- 三个石匠的模型
- 管理的五个方向
- 组织的三种问题和任务

第四组：与管理者提问相关（3个）

- 管理者提问的六个作用
- 管理者问下属的好问题的四个标准
- 管理者要问的最重要的问题

第五组：与管理关系相关（6个）

- 管理者管理关系
- 四种关系及其特点
- 八种关系管理策略
- 赞扬三段式
- 求助式赞扬
- 赞扬式求助

第六组：与管理要事相关（5个）

- 要事的四个象限
- 要事五大类
- 要事三原则
- 决定与决策的区别
- 时间管理矩阵的解决方案

管理经典

作为“管理学”的教学用书，必须呈现经典的管理观念。本书精讲了 15 个经典管理模型，并介绍了其他 25 个经典管理思想。

15 个经典管理模型

管理思想史上出现了许多模型，我选择了以下 15 个，作为经典模型推荐给大家（其中一个模型是给大家批判用的，还记得是哪一个吗?）：

1. 维克的理论之钟。
2. 阿吉里斯的双环学习模型。
3. 明茨伯格的四种管理（学习）者模型。
4. 艾柯夫对增长与发展的区分。
5. 法约尔的管理五要素模型。
6. 霍夫斯泰德四种基本管理模式。
7. 艾柯夫的四种系统模型。
8. 卡茨的管理者三大能力模型。
9. 德鲁克的五个问题。
10. 管理的两大维度。
11. 组织有效性的五种标准。
12. 明茨伯格的管理者角色模型。
13. 二八法则（朱兰的关键少数法则）。
14. GROW 模型。
15. 设定目标的 SMART 法则。

25 个经典管理思想

还有其他 25 个值得大家记住并深思的经典管理思想（案

例、研究、争论）：

1. 阿吉里斯与舍恩区分拥护的理论与实践的理论。
2. 轮岗。
3. 帕卡德法则。
4. 法约尔的企业的六项职能。
5. 流行的管理的四大职能的说法。
6. 三个石匠的故事。
7. 系统思考。
8. 戴明的 PDCA 循环与 PDSA 循环。
9. 管理的幅度。
10. 柯林斯的第五级领导者。
11. 沙因的谦虚的探问
12. 马利克的“谁是高效能的管理者”问题。
13. 管理者是有责任的人。
14. 布莱克—莫顿管理方格模型。
15. 情境领导力模型。
16. 管理史上最著名的实验。
17. 社会资本的概念。
18. 管理思想史上的“两个亨利之争”。
19. 如影跟随的管理研究方法。
20. 柯林斯的刺猬理念。
21. 柯林斯的先人后事。
22. 管理上司。

23. 圣吉的学习型组织。

24. 蒂奇的教导型组织。

25. 德鲁克的向外走动式管理。

诗外功夫

本书还介绍了 12 个与管理密切相关的心理学思想以及 3 个其他思想。这些思想也是经典，是学习管理的诗外功夫。

12 个与管理相关的心理学思想

这 12 个与管理密切相关的心理学思想是：

1. 皮格马利翁效应（自我实现的预言）。
2. 锤子陷阱。
3. 卡尼曼成功方程式。
4. 固定心智与成长心智。
5. 刻意练习。
6. 宜家效应。
7. 约哈里之窗。
8. 熟悉效应（安全机制）。
9. 相似效应（喜欢自己机制）。
10. 互惠机制。
11. 一致机制。
12. 行动者/观察者偏差。

3 个其他思想

这 3 个其他思想是：

1. 邓晓芒对人的定义。
2. 真理的三种理论。
3. 关系的两个维度。

前两个思想属于哲学，第三个思想源于社会学。

小　结

最后小结一下：本书原创性地提出了 4 个管理者心智模式、6 个管理法则及 3 个推论、27 个其他管理思想；本书介绍了 15 个经典管理模型和其他 25 个经典管理思想；本书还介绍了 12 个与管理密切相关的心理学思想以及 3 个其他思想。

后　记

我从 2007 年开始给企业管理者讲管理，但后来专注在领导力的研究和培训上，很少专门讲管理这个课题。

2016 年我以领导力学者的身份加入北京大学汇丰商学院，也是准备专心讲授领导力。不过我很快发现 MBA 学生需要一门“一般管理”意义上的管理课，而学院又没有其他老师讲授这样的课程。

在机缘巧合之下，我得到 MBA 办公室的支持，为 MBA 学生开设了题为“管理者心智”的选修课，又以同样的内容为企业管理研修班开设了题为“管理学”的必修课。

这门课（因为两门课内容大致相同，所以称之为一门课）多次讲授，都受到了学生们——他们绝大多数都是企业里的中层管理者——的好评。

我另外开设的“领导力”和“领导行为学”两门课也很受欢迎，但是我认为最重要的其实这一门——管理是基本功。先学会走路，我们再来说怎么跑步。

这门课共八讲，分别是八个重要的管理心智模式。现在，我选择其中的四讲，将其内容丰富、完善之后，写成这本《极简管理学》，希望能对企业中从事实际工作的管理者及高校中相关专业的学生有所帮助。

我要感谢北京大学汇丰商学院的海闻院长聘请我担任该院第一个教学教授，使我有讲授这门课的机会。

我要感谢北京大学汇丰商学院 MBA 项目的负责人毛娜老师对我讲授这门课的支持。

在北京大学汇丰商学院学习过的黎雪亮、黄冲、赵伟、黄极舒、邓春琼、苏正、潘晓青等同学阅读了部分书稿并提出了宝贵的修改意见，在此表示感谢。

最后，感谢所有上过这门课的同学。没有你们就没有这本书。

参考书目

中文部分

阿吉里斯（2004），《组织学习（第二版）》，张莉、李萍译，中国人民大学出版社

埃德莎姆（2008），《德鲁克的最后忠告》，吴振阳、倪建明等译，机械工业出版社

艾柯夫（2007），《艾柯夫管理思想精华集》，胡继旋等译，上海三联书店

艾利克森、普尔（2016），《刻意练习：如何从新手到大师》，王正林译，机械工业出版社

艾瑞里（2010），《怪诞行为学2——非理性的积极力量》，赵德亮译，中信出版社

艾萨克森（2011），《史蒂夫·乔布斯传》，管严圻等译，中信出版社

艾施（1998），《我心深处》，玫琳凯化妆品公司台湾分公司译，浙江人民出版社

白金汉（2008），《最后，告诉你三条一定之规》，方晓光译，中国社会科学出版社

贝克特尔（2014），《跟任何人都聊得来：最受世界500强企业欢迎的沟通课》，陈芳芳译，九州出版社

伯恩斯（2007），《领袖》，常健、孙海云等译，中国人民大学出版社

布兰佳等（2008），《更高层面的领导：肯·布兰佳论领导力和创建高绩效组织》，张静译，东方出版社

德鲁克（1999），《现代管理宗师德鲁克文选（英文版）》，机械工业出版社

德鲁克（2005），《卓有成效的管理者》（中英文双语典藏版），许是祥译，机械工业出版社

德鲁克（2006），《21世纪的管理挑战》，朱雁斌译，机械工业出版社

德鲁克（2007），《德鲁克管理思想精要》，李维安等译，机械工业出版社

德鲁克（2007），《管理：使命、责任、实务（实务篇）（中英文双语典藏版）》，王永贵译，机械工业出版社

德鲁克（2009），《公司的概念（珍藏版）》，慕凤丽译，机械工业出版社

德鲁克（2009），《管理的实践（中英文双语珍藏版）》，齐若兰译，机械工业出版社

德鲁克（2009），《管理新现实》，黄志典译，东方出版社

德鲁克（2009），《旁观者：管理大师德鲁克回忆录（珍藏版）》，廖月娟译，机械工业出版社

德鲁克（2009），《管理未来（珍藏版）》，李亚等译，机械工业出版社

德鲁克（2009），《管理前沿（珍藏版）》，闾佳译，机械工业出版社

邓晓芒（2017），《哲学起步》，商务印书馆

法约尔（2013），《工业管理与一般管理（珍藏版）》，迟力耕、张璇译，机械工业出版社

范恩、梅里尔（2015），《潜力量：GROW 教练模型帮你激发潜能》，王明伟译，机械工业出版社

福列特（2013），《福列特论管理（珍藏版）》，吴晓波等编译，机械工业出版社

福特（2005），《我的生活与工作》，梓浪、莫丽芸译，北京邮电大学出版社

福特（2012），《为人生加速：福特自传》，李伟译，安徽人民出版社

高德伯格（2014），《大脑总指挥：揭秘最具人性的大脑区域》，黄有志、邱小菊译，华东师范大学出版社

格鲁夫（2007），《格鲁夫给经理人的第一课》，巫宗融译，中信出版社

哈韦等（2007），《关键管理模型》，李志宏译，中国市场出版社

惠特默（2012），《高绩效教练（原书第四版）》，林菲、徐中译，机械工业出版社

霍夫斯泰德（吉尔特·）、霍夫斯泰德（格特·扬·）（2010），《文化与组织：心理软件的力量（第二版）》，李原、孙健敏译，中国人民大学出版社

赫拉利（2014），《人类简史：从动物到上帝》，林俊宏译，中信出版社

凯勒、帕帕森（2015），《最重要的事，只有一件》，张宝文译，中信出版社

柯维（2003），《高效能人士的七个习惯》，顾淑馨、常青译，中国青年出版社

柯维等（2003），《要事第一》，刘宗亚等译，中国青年出版社

科恩（2008），《跟德鲁克学管理》，闫鲜宁译，中信出版社

孔茨、韦里克（2014），《管理学——国际化与领导力的视角（精要版第9版）》，马春光译，中国人民大学出版社

雷恩（2009），《管理思想史（第五版）》，孙健敏等译，中国人民大学出版社

雷恩、贝德安（2014），《管理思想史（第六版）》，孙健敏等译，中国人民大学出版社

刘澜（2006），《领导者的鸡尾酒》，人民邮电出版社

刘澜（2013），《领导力十律》，机械工业出版社

刘澜（2015），《管理十律：商学院不教的临床管理学》，机

械工业出版社

刘澜（2016），《领导力的第一本书：听大师讲领导力》，机械工业出版社

刘澜（2016），《领导力的第二本书：从经典学领导力》，机械工业出版社

刘澜（2016），“诗、马奇与领导力”，《清华管理评论》第5期，第76–79页

罗宾斯、库尔特（2012），《管理学（第11版）》，李原等译，中国人民大学出版社

洛克、莱瑟姆（2010），“目标设定理论：借助归纳法的理论开发”，《管理学中的伟大思想：经典理论的开发历程》（史密斯、希特主编，徐飞、路琳译），北京大学出版社，第106–124页

吕世浩（2016），《大秦三部曲》，接力出版社

马利克（2009），《管理成就生活》，李亚等译，机械工业出版社

马奇（2010），《马奇论管理》，丁丹译，东方出版社

马恰列洛（2016），《卓有成效的领导者：德鲁克52周教练指南》，德鲁克研究室译，机械工业出版社

马斯洛（2001），《马斯洛论管理》，李斯译，中国标准出版社

梅多思（2012），《系统之美：决策者的系统思考》，邱昭良译，浙江人民出版社

米勒（2015),《亲密关系（第6版)》，王伟平译，人民邮电出版社

明茨伯格（2005),《管理者而非MBA》，杨斌译，机械工业出版社

明茨伯格（2010),《明茨伯格管理进行时》，何峻、吴进操译，机械工业出版社

奈斯比特（2010),《世界大趋势》，魏平译，中信出版社

萨克斯（2007),《贫穷的终结：我们时代的经济可能》，邹光译，上海人民出版社

森（2009),《身份与暴力——命运的幻象》，李风华等译，中国人民大学出版社

沙因（2014),《组织文化与领导力（第四版)》，章凯等译，中国人民大学出版社

圣吉（1998),《第五项修炼——学习型组织的艺术与实务》，郭进隆译，上海三联书店

史密斯、希特主编（2010),《管理学中的伟大思想：经典理论的开发历程》，徐飞、路琳译，北京大学出版社

威策尔（2002),《管理的历史》，孔京京、张炳南译，中信出版社

维克（2009),《组织社会心理学》，贾柠瑞、高隽译，中国人民大学出版社

温特（2016),《狡猾的情感：为何愤怒、嫉妒、偏见让我们的决策更理性》，王晓鹂译，中信出版社

杰克·韦尔奇、苏茜·韦尔奇（2005），《赢》，余江、玉书译，中信出版社

小钱德勒、麦克科劳、特德劳（2001），《管理学历史与现状》，郭斌主译，东北财经大学出版社

张涛（2015），《柳问：柳传志的管理三要素》，浙江人民出版社

朱兰（2004），《朱兰自传》，上海朱兰质量研究院译，中国财政经济出版社

英文部分

Adler，P. S.，& Kwon，S-W.（2002）. Social Capital：Prospects for a New Concept. *Academy of Management Review*，27（1）：17-40.

Argyris，C.，& Schön，D.（1974）. *Theory in Practice：Increasing Professional Effectiveness.* San Francisco，CA：Jossey-Bass

Buckingham，M.（2003）. What Great Managers Do. *Harvard Business Review*，March.

Carroll，S. J.，& Gillen，D. J.（1987）. Are the Classical Management Functions Useful in Describing Managerial Work? *Academy of Management Review.* 12（1）：38-51.

Chen，C. C.，et al（2013）. Chinese Guanxi：An Integrative Review and New Directions for Future Research. *Management and Organization Review*，9（1）：167-207.

Cialdidni, R. B. (2007). *Influence: The Psychology of Persuasion.* HarperCollins.

Collins, J., & Porras, J. I. (1994). *Built to Last: Successful Habits of Visionary Companies.* HaperCollins.

Collins, J. (2001). *Good to Great: Why Some Companies Make the Leap … and Others Don't.* HarperCollins.

Coutu, D. (2006). Ideas as Art: A Conversation with James March. *Harvard Business Review*, October.

Czarniawska, B. (2014). Why I Think That Shadowing is the Best Field Technique in Management and Organization Studies. *Qualitative Research in Organizations and Management: An International Journal.* 9 (1): 90–93.

Czarniawska, B. (2015). After Practice: A Personal Reflection. *Nordic Journal of Working Life Studies.* 5 (3a): 105–114.

Drucker, F. D., et al. (2008). *The Five Most Important Questions You Will Even Ask Your Organization.* Jossey-Bass.

Dweck, C. S. (2008). Mindset: The New Psychology of Success. Ballantine Books.

Fayol, H. (2013). *General and Industrial Management.* Translated by C. Storrs. Martino Publishing.

Kahneman, D. (2012). *Thinking, Fast and Slow.* Penguin Books.

Kantrow, A. M. (2009). Why Read Peter Drucker. *Harvard*

Business Review, November.

Katz, R. (1974). Skills of an Effective Administrator. *Harvard Business Review*, September-October.

Koch, R. (2008). *The 80/20 Principle: The Secret to Achieving More with Less.* Doubleday

Kurby, J. (2014). Clay Christensen on Peter Drucker. *Harvard Business Review* Online, hbr. org, Nov, 10.

Hwang, K. (1987). Face and Favor: The Chinese Power Game. *The American Journal of Sociology*, 92 (4): 944–974.

Lamond, D. (2004). A Matter of Style: Reconciling Henri and Henry. *Management Decision.* 42 (2): 330–356.

Lave, C. A., & March, J. G. (1993). *An Introduction to Models in the Social Sciences.* Lanham, MD: University Press of A-merica.

Lewin, K. (1952). *Field Theory in Social Science: Selected Theoretical Papers.* London: Tavistock.

Luft, J. (1961). The Johari Window: A Graphic Model of Awareness in Interpersonal Relations, *Human Relations Training News*, 5 (1): 6–7.

March, J. G. (1988). The Technology of Foolishness. In J. G. March. *Decisions and Organizations*, Basil Blackwell, pp. 253–265.

Maxwell, J. C. (2003). *Thinking for a Change.* Center Street

Prusak, L., & Davenport, T. H. (2003). Who Are the Gurus' Gurus? *Harvard Business Review*. December.

Reichheld, F. (2006). The Microeconomics of Customer Relationships. *MIT Sloan Management Review*, Winter.

Sandefur, R. L., & Laumann, E. O. (1998). A Paradigm for Social Capital. *Rationality and Society*, 10: 481–501.

Schein, E. H. (2013). *Humble Inquiry: The Gentle Art of Asking Instead of Telling*. Berrett-Koehler Publishers

Stewart, M. (2009). The Management Myth: Debunking the Modern Management Philosophy. W. W. Norton & Company.

Tichy, N. (2005). The Leadership Engine. HaperCollins.

Tsoukas, H. (1994). What is Management? An Outline of a Metatheory. *British Journal of Management*. 5: 289–301.

Urwick, L. F. (1974). V. A. Graicunas and the Span of Control. *Academy of Management Journal*. 17 (2): 349–354.

Van Fleet, D. D., & Bedeian, A. G. (1977). A History of the Span of Management. *Academy of Management Review*. 2 (3): 356–372.

Weick, K. (1979). *The Social Psychology of Organizing*. Addison-Wesley Publishing Company.

正道领导力中心介绍

一、使命：释放人和组织的潜力

我们相信人的潜力。我们相信，通过释放组织成员的潜力，通过打造组织成员的合力，组织可以释放无限潜力。我们的使命是，释放人和组织的无限潜力。

二、愿景：成为最好的领导力机构

不求最大，不求最成功，但求最好。我们以“3E”来定义好：Excellent，我们擅长；Engaging，我们热爱；Ethical，我们有原则。

三、主要产品：四门原创版权课程+一个教练项目

主要产品为刘澜老师原创的四门版权课程：“管理者心智”、“领导力沟通”、“领导者心智”、“领导力修炼”（标准课程均为两天版，针对40人以内的学员进行互动式授课）和对企业高管团队（10人以内、以半年为单位）进行跟踪辅导的“高管团队领导力教练项目”。

四、经典课程：“领导力修炼”

其中“领导力修炼”课程以刘澜老师原创的“正道领导力

模型”（如图）为框架，讲授领导力的一个核心与八项修炼。

领导力的一个核心：动员群众解决难题。

领导力的八项修炼：密切联系群众、讲故事、当老师、从失败中学习、反思、深思、认识自己、成为自己。

该课程历经八年锤炼，深受学员欢迎，已经成为中国原创的经典领导力课程。新东方创始人俞敏洪说：“刘澜给新东方高管讲领导力，是我听过的最好的领导力课程。”

五、联系人：李女士（电话：15811171187）